Otto Hermann Pesch
Heute Gott erkennen

topos taschenbücher, Band 811
Eine Produktion des Matthias Grünewald Verlags

Für Prof. em. P. Dr. Paulus Engelhardt OP
Düsseldorf
den anregenden Lehrer
den hilfsbereiten Kollegen
den unbestechlichen Kritiker

Otto Hermann Pesch

Heute Gott erkennen

topos taschenbücher

Verlagsgemeinschaft topos plus
Butzon & Bercker, Kevelaer
Don Bosco, München
Echter, Würzburg
Lahn-Verlag, Kevelaer
Matthias Grünewald Verlag, Ostfildern
Paulusverlag, Freiburg (Schweiz)
Friedrich Pustet, Regensburg
Tyrolia, Innsbruck

Eine Initiative der Verlagsgruppe engagement

Bibliografische Information der Deutschen Nationalbibliothek
Die Deutsche Nationalbibliothek verzeichnet diese Publikation in der Deutschen Nationalbibliografie; detaillierte bibliografische Daten sind im Internet über http: // dnb.d-nb.de abrufbar.

Einband- und Reihengestaltung | Finken & Bumiller, Stuttgart
Umschlagabbildung | www.photocase.de / M.Sch
Printed in Germany

Topos ISBN: 978-3-8367-0811-1
www.topospluss.de

Inhalt

Statt eines Vorwortes

Können wir Gott erkennen?

Schon abgegriffen, ja den Jüngeren kaum noch bekannt, ist die Geschichte vom russischen Weltraumfahrer Gagarin, der nach der ersten spektakulären Erdumkreisung (1961) siegessicher der Welt mitteilte: »Gott habe ich im Weltraum nicht gesehen.« Wer gewitzt war, fragte damals zunächst zurück: »Wie viel lumpige Kilometer Weltraum hast du denn inspiziert – verglichen mit den Milliarden Lichtjahren seiner Ausdehnung?« Die ersten amerikanischen Mondfahrer (1969) bewiesen da schon mehr Gefühl für die wahren Größenverhältnisse: Als sie aus der Mondumlaufbahn die blaue Erde »aufgehen« sahen, rezitierte der Chef der Astronautenmannschaft die ersten Sätze der Bibel: »Im Anfang schuf Gott Himmel und Erde …«

Aber so oder so: Hat man je einen gut über seinen Glauben unterrichteten Christen mit der Frage vom Stuhl reißen können, ob man – im Weltraum oder anderswo – Gott gesehen oder nicht gesehen habe? »Gott hat niemand je gesehen« (1 Joh 4,12) – das weiß jedes christliche Schulkind. Vieles können wir nicht mit unseren Augen sehen und nicht mit unseren Händen greifen, und es ist trotzdem wirklich. Warum soll es also von vornherein gegen die Wirklichkeit Gottes sprechen, wenn wir ihn nicht sehen können? Können wir Gott sehen? Kannst du mir Gott zeigen? das sind Fragen, die zu kurz greifen. Wohl aber können wir mit Fug und Recht fragen: Können wir Gott *erkennen?* Kannst du mir deutlich machen, dass Gott ist? Dass Gott »existiert«? Dass Gott lebt? Dass es »Gott gibt«?

Nun aber werden viele Christenmenschen, auch heute noch, zurückgeben: Warum fragst du so etwas Selbstverständliches? Können denn gläubige, überzeugte Christen ernsthaft *fragen,* ob Gott ist und sich erkennen lässt? Sind sie nicht gerade dadurch Christen, dass sie diese Frage ein für alle Mal beantwortet haben und dieser Antwort froh geworden sind? Kann für einen Christen die Wirklichkeit Gottes auch nur dem geringsten Zweifel unterliegen, ohne dass er dadurch aufhört ein Christ zu sein?

An dieser Gegenfrage ist viel Wahres. In den vergangenen Jahrzehnten hat man sich in der Kirche, in der Christenheit um fast alles gestritten, was jahrhundertelang pure Selbstverständlichkeit war: um die Erschaffung der Welt durch Gott persönlich, um die Gottmenschheit Jesu Christi, um seine Auferstehung, um die Wirklichkeit der Sünde, um die Wahrheit unserer Erlösung, um die Gegenwart Christi in der Eucharistie, um Sinn und Recht des Gebetes und des Gottesdienstes, um das kirchliche Amt und seine Bedeutung für den Christen, um die Einheit der Kirche, um das politische Handeln des Christen … Nur ein Thema war »tabu«: Gott. Im Gegenteil, man hatte bei all dem Streit das Grundgefühl: »Gott wird mit unserem Streit schon klarkommen – eben deshalb können wir ihn uns erlauben. Denn Gott ist größer als unser Herz, unsere Einsicht und unsere Worte, er steht in all unserem Streit nicht auf dem Spiel, auch wenn der Streit notwendig ist.«

Das ist heute anders. Außerhalb der Kirche stellen viele Zeitgenossen – und nicht die schlechtesten! – schon lange die Frage, ob wir uns nicht endgültig von der Idee trennen müssen, dass da ein Gott ist, der unser Schicksal in seiner Hand hält. Inzwischen macht ein aggressiver »neuer« Atheismus von sich reden. In längst überwunden geglaubter Weise werden die Naturwissenschaften und die Evolutionslehre gegen den Glauben an Gott, den »Schöpfer« ausgespielt. Das Wort vom »Gotteswahn« macht die Runde. Innerhalb der Kirche fragen viele Christen – und nicht die schlechtesten! –, ob wir nicht schon lange in den Vorstellungen, die wir uns über Gott machen, völlig irregeleitet sind. Man denke nur daran, dass man im Namen Gottes Waffen gesegnet hat, und dass kriegführende Völker jeweils Gott auf *ihrer* Seite wähnten. Christen fragen, ob wir überhaupt noch ehrlich von Gott so reden dürfen, wie die Glaubensüberlieferung es tut. Was heißt es denn, dass Gott Himmel und Erde erschaffen hat, wenn wir heute wissen, dass die Erde und der Kosmos das Ergebnis einer Entwicklung (»Evolution«) ist, die zwischen 5 und 10 Milliarden Jahre gedauert hat? Was soll es besagen, dass Gott in der Welt handelt, ja in der Welt »eingreift«, wenn wir an die grauenvolle Wirklichkeit von Auschwitz, Maidanek und Treblinka denken? Was heißt es, dass Gott »sich geoffenbart« hat, wenn die Heilige Schrift alle Eigentümlichkeiten menschlicher Bücher der damaligen Zeit hat wie andere Bücher auch, »heilige Bücher« anderer Religionen nicht ausgenommen? Ja, gelegentlich fragen sich selbst Christen, ob wir den christlichen Glauben nicht missverstanden haben, wenn wir ihn mit dem Gedanken an einen persönlichen Gott verbinden.

Nehmen wir einmal an, alle, die so denken und reden, hätten recht – dann könnten wir unsere Kirchen schließen, unser Gottesdienst wäre höchstens noch ein schöner Brauch (wie ein Fasching ohne nachfolgende Fastenzeit), unser leidenschaftlicher Streit um die Glaubenswahrheit wäre wie eine Opernaufführung, Priester, Bischöfe und Päpste wären zynische Volksverführer zum Zwecke bloßer Machterhaltung, unsere moralischen Grundsätze, die wir aus dem Glauben ableiten, wären nichts als altmodische Zwänge, aus denen uns zu befreien uns der Mut fehlt, und wenn wir Glaube und Christentum in der Öffentlichkeit verteidigen, könnte man es uns mit Recht als haltlosen Fanatismus auslegen. Aus dieser Überlegung wird also klar: Die Frage nach Gott, die Frage, ob wir Gott wahrhaft erkennen können, ist heute *die* Frage des christlichen Glaubens. Müssten wir sie mit nein beantworten, könnten wir alle weiteren Glaubensfragen vergessen. Darum also müssen wir fragen: Können wir Gott erkennen? Können wir Gott *heute* erkennen, können wir *heute* von ihm reden?

Sind wir damit gewissermaßen zum »letzten Gefecht« angetreten? Kämpfen wir schon mit dem Rücken zur Wand? Dürfen die Gegner des Glaubens sich sagen: Nur diese eine Bastion noch – dann haben wir es geschafft? Nein, es wäre ganz falsch, die Sache nur so negativ zu sehen. Wenn heute die Frage nach Gott zur Mitte aller Glaubensfragen wird, so fragt der *Glaube* nach seiner ureigenen Mitte. Viele Theologen sagen darum heute: Die Theologie kommt wieder zu ihrer eigentlichen Sache, nämlich »Theologie« zu sein, »Rede von Gott«. Das gilt für alle theologischen Fächer: Was für Einzelfragen sie auch immer behandeln, der letzte Bezugspunkt ist immer Gott selbst – das, was die einzelnen Fachfragen der theologischen Fächer zu unserer Erkenntnis Gottes beitragen. Dafür kann man sich unmittelbar auf das Neue Testament berufen. Der Verfasser des Hebräerbriefes schreibt: »Wer zu Gott hintreten will, muss glauben, dass er ist und dass er denen, die ihn suchen, ihren Lohn geben wird« (Hebr 11,6). Modern ausgedrückt, würden wir sagen: Es kommt darauf an zu erkennen, dass Gott *wirklich* ist und dass er uns Menschen zu unserem Heile *nahe* ist. *Das,* meint der biblische Verfasser, ist der ganze christliche Glaube! Nicht mehr? Nein, denn wenn wir genauer hinsehen, ist darin alles zusammengefasst, was der Glaube sagt. Alle weiteren Einzelheiten sind nur Kommentar, Verdeutlichung, Veranschaulichung, Konsequenz dieser Grundtatsache: Gott ist – und er ist uns nahe.

Gott ist nicht *ein* Gegenstand unseres Glaubens, sondern *der* Gegenstand unseres Glaubens. Gott ist nicht *eine* Glaubenswahrheit unter anderen, sondern *die* eine Wahrheit unseres Glaubens. Er ist nicht der Anfang einer Liste von Glaubenswahrheiten, sondern wie der gemeinsame Mittelpunkt, um den sich alle anderen Glaubensaussagen wie Kreise mit mehr oder weniger großem Durchmesser herumlegen. Oder ein anderes Bild: Wenn wir an einem See kreisförmig sich ausbreitende und immer mehr verebbende Wellen sehen, suchen wir unwillkürlich nach dem Punkt, wo der

Stein ins Wasser gefallen ist – erst wenn wir den gefunden haben, wissen wir die Erklärung für die Wellenkreise. Und richtig einschätzen können wir diese erst, wenn wir auch die Schwere des Steines, seine Aufschlaggeschwindigkeit und die Tiefe des Wassers an dieser Stelle wissen. So können wir keine andere Glaubensfrage verstehen, wenn wir um Gott nicht wissen.

An sich wussten die Christen und die Theologen schon immer, dass es im Glauben letztlich um Gott und nur um Gott geht – so wie ja auch die ganze Hoffnung des Christen darin zusammengefasst ist, dass in der Vollendung der Geschichte »Gott alles in allem« wird (1 Kor 15,28). Aber die Entwicklung der modernen Welt, der Generalangriff der Glaubensgegner auf die Mitte unseres Glaubens, die ehrliche Sorge vieler Christen, unseren Gottesglauben von allen falschen und gar lächerlichen Vorstellungen rein zu halten – das alles hat uns wie nie zuvor auf diese Grundwahrheit unseres Glaubens gestoßen. Daher stellen wir uns in diesem Buch der Frage, ob wir Gott erkennen können – sodass wir seiner Wirklichkeit und seiner Nähe auch heute gewiss sind.

Wir wollen das in ähnlicher Weise tun, wie wir schon im »Kleinen katholischen Glaubensbuch« und in »Die Zehn Gebote«* vom Glauben und vom christlichen Leben geredet haben: nicht in gelehrter Diskussion, nicht im Hin und Her hochgestochener Beweisgründe, sondern einfach, hart an den Fragen, wie sie Christen in der Kirche heute stellen, und möglichst in der Sprache, in der sie auch selbst über Glaubensfragen reden. Denn der Theologe, der dieses Buch schreibt, verfolgt dabei auch diesmal die Nebenabsicht, sich

* Otto Hermann Pesch, Kleines katholisches Glaubensbuch (= Topos Taschenbuch 29), Mainz 1974, 16. bearbeitete und erweitere Auflage 2009 (= Topos Taschenbuch 539); Die Zehn Gebote (= Topos Taschenbuch 48), Mainz 1976, 10. bearbeitete Auflage 2011 (= Topos Taschenbuch 790).

selbst zu »testen«, ob er bei all seiner theologischen Wissenschaft noch fähig ist, einfach von jenem Glauben zu reden, den das Kind so gut kann wie der Gelehrte.

Die folgenden Überlegungen sind in drei Teile gegliedert: *Wie* können wir Gott erkennen? *Wo* können wir Gott erkennen? *Warum* ist es *gut,* Gott zu erkennen? Etwas »gelehrter« ausgedrückt: Wir fragen nach dem Weg der Gotteserkenntnis, nach ihrem Ort und nach ihrer Heilsbedeutung für uns Menschen. Die (laufend durchgezählten) Kapitel der drei Teile haben ebenfalls eine gewisse logisch begründete Reihenfolge. Aber diese Logik braucht man nicht allzu ernst zu nehmen. Jedes Kapitel ist auch in sich verständlich und lässt sich lesen, ohne dass man das vorausgehende Kapitel gelesen haben und mit dem nachfolgenden fortfahren müsste. Jeder Leser, jede Leserin bestimme also die Reihenfolge nach dem persönlichen Interesse an den angeschnittenen Fragen.

Und ein Letztes: Man braucht sicher nicht lange zu beweisen, dass die Antwort auf die Frage nach Gott heute keinen Unterschied der Konfessionen mehr heraufbeschwört. Evangelische und katholische Christen stehen in gleicher Weise vor dem vollen Ernst dieser Frage. Das heißt nicht, dass es bei der Art und Weise, diese Fragen anzugehen, keinerlei Unterschiede mehr gäbe! Aber diese Unterschiede trennen nicht mehr, sondern bereichern. Die folgenden Kapitel sind also von einem *katholischen* Theologen geschrieben und durchgedacht – aber der macht unbekümmert Anleihen bei dem, was er aus der *evangelischen* Theologie gelernt hat, wo ihm das hilfreich scheint. Wenn ein Leser, eine Leserin das im Einzelnen herausbekommt, hat er oder sie nicht nur (hoffentlich) einen Gewinn an Erkenntnis zur Gottesfrage, sondern zugleich einen Einblick in die Art und Weise, wie katholische und evangelische Theologie in der Arbeit an gemeinsamen Sachfragen heute zusammenkommen. Und auch das ist eine Erkenntnis über den Gott, der immer größer ist als unsere kleinen Gedanken!

Erster Teil:

Wie können wir Gott erkennen?

1. Kapitel

Was heißt: Ich glaube an Gott?

Philosophie-Vorlesung in einem Theologischen Seminar. Der Professor bemüht sich unter Aufbietung aller Geistesschärfe, zu beweisen, dass der Mensch eine unsterbliche Geistseele hat. Fragt am Ende ein Student: »Herr Professor, ist es auch eine offenbarte Glaubenswahrheit, dass wir eine unsterbliche Seele haben?« Darauf der Professor: »Ja natürlich, aber auch die Philosophie ...« Der Student fällt ihm ins Wort: »Dann bin ich aber beruhigt!«

Ich weiß es nicht, aber ich glaube es

Diese Geschichte ist wirklich passiert. Heute würde sie sicher nicht mehr so verlaufen. Wahrscheinlich wäre der Professor nicht mehr so siegessicher und der Student nicht mehr so schnell beruhigt. Aber die Geschichte hilft uns auf die Sprünge, wenn wir verstehen wollen, was der Satz meint: Ich glaube an Gott. Er meint zunächst ganz einfach: Wir *wissen* nicht, dass Gott ist – jedenfalls nicht mit der unwidersprechlichen Deutlichkeit, wie wir etwa wissen, dass es Amerika gibt. Wir wissen es nicht einmal mit der widersprüchlichen Deutlichkeit, mit der wir wissen, dass es die Liebe gibt (das bestreitet nämlich mancher und behauptet, alle »Liebe« sei doch nur gut getarnter Egoismus). Und weil wir es nicht wissen, *glauben* wir, dass Gott »existiert«.

Damit ist nicht gesagt, dass unsere Vernunft zur Erkenntnis Gottes gar nichts beitragen kann. Sie kann viel dazu beitragen, ja, sie kann sogar mit einigem Erfolg versuchen, das Dasein Gottes zu »beweisen« – in einem späteren Kapitel kommen wir darauf zurück.

Dennoch bedarf es des Glaubens, das heißt: einer Gotteserkenntnis, die sich nicht auf unsere Einsicht, sondern auf die Selbstoffenbarung Gottes stützt. Thomas von Aquin (1225–1274), einer der größten Theologen der Kirchengeschichte, begründet das folgendermaßen: »Auch über das, was man mittels der menschlichen Vernunft über Gott erforschen kann, musste der Mensch durch göttliche Offenbarung belehrt werden. Denn die Wahrheit über Gott, die die Vernunft erforscht, wird nur durch wenige [Menschen], nach langer Zeit und vermischt mit vielen Irrtümern dem Menschen zuteil – und doch hängt von der Erkenntnis dieser Wahrheit das ganze Heil des Menschen ab, das in Gott ist. Damit also das Heil den Menschen angemessener und mit größerer Gewissheit zuteil würde, mussten sie über Göttliches durch göttliche Offenbarung belehrt werden« (Summe der Theologie, 1. Buch, 1. Frage, Artikel 1 – hier aus dem Lateinischen übersetzt). Wir müssen also an Gott glauben, weil wir zu dumm sind, ihn gewiss genug zu erkennen – nicht eben eine schmeichelhafte Auskunft!

Aber sollten wir nicht ehrlich zugeben, dass diese Auskunft wahr ist? Wenn es mit dem »Gottesbeweis« so einfach wäre, wie wir uns das gelegentlich vorstellen (»Es muss eine erste Ursache von allem geben, und das ist Gott!« »Wenn es Gott nicht gibt, dann ist die Welt sinnlos!«), dann wäre nicht mehr zu begreifen, wieso gerade die größten Geister der Menschheit in Vergangenheit und Gegenwart, vor wie nach Christus, dem Gottesbeweis gegenüber skeptisch blieben, jedenfalls, wenn überhaupt, eher trotz des Gottesbeweises als durch ihn zum Glauben kamen. Es ist keine Schande einzugestehen, dass man schon ein äußerst scharfsinniger Philosoph sein muss, um den Gottesbeweis mit letzter Überzeugungskraft führen zu können und auf alle Einreden eine schlagende Antwort zu wissen. Und dahin müssten wir es ja bringen, wenn unsere Gotteserkenntnis von der Art sein soll, dass wir uns felsenfest darauf verlassen können. Es bleibt also dabei: Der Satz »Ich glaube an Gott«

bedeutet zunächst ganz einfältig: Wir wissen nicht hinreichend um Gott.

Ich vertraue auf Gott

Also ist der Glaube nur ein Wissensersatz? Und damit eine schlechtere Art von Wissen? Wäre es so, dann hätten alle recht, die sagen: Der Glaube ist so lange gut, wie die Wissenschaft noch nicht seinen Platz eingenommen hat. Heute ist er darum ein Hindernis für den wissenschaftlichen Fortschritt. Aber dass wir den Glauben *vornehmlich* und *zuerst* als Gegensatz zum Wissen verstehen, das ist, obwohl es nicht falsch ist, doch ziemlich neu – man tut das erst seit einigen Jahrhunderten. Wenn die Bibel von »glauben« spricht, bedeutet das so viel wie »vertrauen«. Dafür drei Beispiele. In einer dramatischen Unterredung in höchster Not – die feindlichen Heere stehen vor Jerusalem – sagt der Prophet Jesaja dem König Achas einen Satz, der in älteren deutschen Übersetzungen so wiedergegeben wird: »Wenn ihr nicht glaubt, so werdet ihr nicht (bestehen) bleiben« (Jes 7,9). Soll das heißen: »Wenn ihr euer Nichtwissen nicht durch Glauben ersetzt …«? Offenbar nicht. Die Kenner der hebräischen Sprache sagen uns, das hier mit »glauben« wiedergegebene Wort bedeutet so viel wie »sich festmachen (in Gott)«. Deshalb übersetzt eine neuere deutsche Bibelausgabe den Prophetenspruch völlig richtig und in Nachahmung des hebräischen Wortspiels so: »Wenn ihr euch nicht an mich haltet, werdet ihr keinen Halt haben.« »Glauben« heißt: felsenfest auf Gott vertrauen.

Und was meint wohl Jesus, wenn er seinen Jüngern sagt: »Wenn ihr einen Glauben habt wie ein Senfkorn, so werdet ihr zu diesem Berg sagen: Geh von da weg dorthin!, und er wird weggehen, und nichts wird euch unmöglich sein« (Mt 17,20)? Oder wenn er den von ihm geheilten Kranken und Besessenen stets sagt: »Dein Glaube hat dich gerettet«? Er denkt hier nicht an Wissensersatz, sondern an das Gottvertrauen der Geheilten, ja an die Macht Gottes selbst, an der Anteil gewinnt, wer auf Gott felsenfest vertraut. Wer denn sonst außer Gott sollte die Macht haben, Berge zu verrücken?

Ein drittes Beispiel finden wir beim Apostel Paulus. »Wir behaupten: Gerechtfertigt wird ein Mensch durch Glauben ohne Gesetzeswerke« (Röm 4,28). Ähnlich formuliert er noch öfter. Was der Satz genau bedeutet, ist neuerdings wieder Gegenstand der Diskussion unter den Bibelwissenschaftlern. Gemeint ist aber auf jeden Fall: Normalerweise halten wir uns für gerecht, wenn wir das tun, was Gebote und Gesetze uns zu tun vorschreiben. Darauf kann man sich aber vor Gott nicht verlassen. Hier kann man sich nur auf etwas verlassen, was das Gegenteil des Tuns ist: auf das Empfangen, Sich-beschenken-Lassen von Gottes bedingungsloser Liebe. Auch hier wieder: Glaube ist kein Wissensersatz, sondern die Bereitschaft, Gott allein handeln zu lassen.

Was die Bibel mit »glauben« meint, entspricht auch sonst dem ursprünglichen Sinn des Wortes. Es heißt so viel wie: »sein Herz hängen an ...« – also wiederum: vertrauen, sich auf jemand oder etwas verlassen, etwas zum alles beherrschenden Lebensinhalt machen. Glauben steht also schon im Gegensatz zum Wissen – aber nicht, weil der Glaube ein schlechter Wissensersatz wäre, sondern weil er eine ganz andere Art menschlichen Verhaltens ist als das Wissen. Auch die Liebe steht ja im Gegensatz zum Erkennen, weil sie etwas ganz anderes ist als Erkenntnis – und doch würde es niemandem einfallen, die Liebe einen »Erkenntnisersatz« zu nennen.

Ich glaube, darum weiß ich

Nun scheint alles widersprüchlich zu werden. Ist nun der Glaube ein Ausgleich für fehlendes, grundsätzlich oder faktisch nicht erreichbares Wissen, wie wir zuerst feststellten? Oder ist er etwas ganz anderes als Wissen und Erkennen und darum gar nicht in einem echten Gegensatz zum Wissen? Wenn wir diesen Widerspruch logisch auflösen wollen, dann müssen wir uns eine Art von Wissen denken, das im vertrauenden Glauben selber eingeschlossen ist und auf *diese* Weise auch Ausfälle an sonstigem Wissen ausgleichen könnte. Ist so etwas denkbar?

Bleiben wir noch einmal bei dem Vergleich mit der Liebe. Wenn mir ein Mensch sagt: Ich liebe dich, wird er mir das je beweisen können? Sicher, er kann sehr viel tun, mir zu zeigen, dass er es aufrichtig meint. Er kann mich mit Geschenken überhäufen, er kann mir zu Hilfe kommen, wo ich es notwendig habe. Er kann mit mir durch dick und dünn gehen. Und doch ist es menschenmöglich, dass dies alles pure Heuchelei wäre, ausdauernd gespieltes Theater, von dem sich der Heuchler irgendeinen Vorteil verspricht. Würde ich ihm mit einem solch misstrauischen Einwand begegnen, er könnte ihn nicht widerlegen. Wenn ich aber seiner Liebe und den Zeichen seiner Liebe *glaube,* wenn ich mich auf sie einlasse, wenn ich ihn wiederliebe, dann weiß ich *eben darin,* dass dieser Mensch mich liebt. Dieses Wissen hält dann jeden Beweis für völlig überflüssig, ja für beleidigend. Es kann gewisser sein als tausend theoretische Beweise: Eine Frau oder ein Mann zum Beispiel glaubt an die Unschuld seines Partners/seiner Partnerin selbst dann noch, wenn mehrere Gerichte ihn oder sie verurteilen, vorausgesetzt, die Frau oder der Mann selbst erklärt seine Unschuld.

Es gibt also ein Wissen, das nicht Voraussetzung, sondern Folge, oder besser: ein Teilelement vertrauender Zuwendung ist. Nun hinkt der Vergleich mit der Liebe freilich insofern, als Gott uns nicht greifbar, sichtbar, hörbar wie ein liebender Mitmensch gegenübersteht, sodass wir der unmittelbaren Faszination seiner Persönlichkeit ausgesetzt wären. An der Stelle dieser Faszination durch unmittelbare Gegenwart steht im Glauben an Gott etwas anderes, wovon noch vielfältig die Rede sein muss: einerseits die Erfahrung, wie sehr die Welt und ich selbst mir eine einzige offene Frage sind, und anderseits die aus der Überlieferung auf uns zukommende Botschaft des biblischen Zeugnisses. Doch für jetzt kann dieser Unterschied eingeklammert bleiben. Das Grundmuster des Vorgangs ist dasselbe: Wenn ich – in meiner menschlichen Situation, auf das Wort der Botschaft hin – an den Gott glaube, den diese Botschaft verkündet, und dies tue im vollen und ernsten Sinn des grenzenlosen Vertrauens und nicht etwa nur des subjektiven Meinens, dann ist darin und damit Erkenntnis Gottes gegeben. *Im Vertrauen erkenne ich den Grund meines Vertrauens.*

Ich kann dann später dieses Erkenntniselement meines Vertrauens gewissermaßen herauslösen und seinen Erkenntniswert in sich selbst studieren. Ich kann durchaus auch ein Vertrauensverhältnis auf seine Erkenntniswahrheit hin befragen – wobei diese von rückwärts umso gewisser wird, je mehr sie sich im praktischen Leben buchstäblich »bewahrheitet«. Trotzdem, wenn ich nach dem Glauben frage und dabei wissen will, wie er mir zur Erkenntnis Gottes wird, dann kann ich nur, in Anknüpfung an ein berühmtes Wort des mittelalterlichen Theologen Anselm von Canterbury (1033–1109), antworten: Ich glaube, darum weiß ich.

2. Kapitel
Hat Gott sich »offenbart«?

Das Wort »offenbaren« gebrauchen wir im Deutschen nicht sehr häufig. Es kommt fast nur im religiösen Bereich, in der Glaubenssprache vor. Zum Beispiel, wenn wir sagen: »Das Christentum ist eine Offenbarungsreligion«. Oder: »Die Offenbarung Gottes ist niedergelegt im Alten und Neuen Testament«. Ein Buch des Neuen Testamentes trägt denn auch diesen Namen: »Offenbarung des Johannes«, oder, mit dem Fremdwort: »Apokalypse«. Sie bildet das letzte Buch des Neuen Testaments.

Aber was heißt das, wenn wir doch einmal das Wort »offenbaren« verwenden und etwa von einem Mitmenschen sagen: »Er hat sich mir offenbart«?

Sich anvertrauen

Wenn ein Mensch sich einem anderen »offenbart«, dann zeigt er ihm vorbehaltlos, wer er eigentlich ist. Vorher hatte man mehr oder weniger umfangreiche äußere Anhaltspunkte und Eindrücke, konnte auch aus Worten und Taten gewisse Rückschlüsse auf den Charakter ziehen, konnte einen Menschen immerhin so genau und so gründlich kennen, dass man ohne Probleme mit ihm auskommen und zusammenarbeiten konnte. Auch wenn wir einen Menschen auf diese Weise sehr gut kennen, würden wir daraufhin wohl kaum zu behaupten wagen, wir wüssten, wer er wirklich sei.

Eines Tages aber, wir alle kennen so etwas, kann es dann geschehen: Es ergibt sich, mehr zufällig als geplant, ein besonders vertrauensvolles Gespräch; oder eine gemeinsame Not, eine gespannte und unklare Situation, eine gemeinsame Reise oder auch einfach ein plötzlich und unerwartet aufbrechendes Gefühl der Zuneigung öffnet das Herz und löst die Zunge. Plötzlich zeigt sich: Was man bisher von einem solchen Menschen kannte, war nur Fassade, nur Maske, die das wahre Wesen mehr verhüllte als durchscheinen ließ. Er teilt mir Gedanken, Schicksale, Überzeugungen, Empfindungen mit, von denen ich nichts wusste und von denen andere gewöhnlich auch nichts wissen sollen. Er zeigt sich als ein ganz anderer Mensch im Vergleich zu dem, den ich kannte. Ja, er kann mir wie ein Fremder erscheinen, zumindest als ein Mensch mit einem doppelten Ich.

Und trotzdem: Gerade weil ich von einem Menschen in einer solchen Stunde so unendlich viel mehr erfahren habe, als jeder andere von ihm weiß, bin ich nun viel unsicherer, ob ich ihn wirklich kenne. Es gehört zur Eigenart dieses Geschehens, dass ich einen solchen Menschen am Ende immer weniger kenne. Je tiefer mir sein Geheimnis erschlossen wird, umso deutlicher werde ich mir bewusst, dass ich es nicht in Worte und Begriffe fassen kann; dass sich dieser Mensch also meinem Wissen und Kennen entzieht.

Und noch etwas ist für einen solchen Vorgang eigentümlich: Wenn ein Mensch mir Einblick in sein wahres Wesen gibt, geht er ein Risiko ein. Ich könnte ja meine Kenntnis gegen ihn ausnutzen, könnte weitersagen, was ich weiß, und ihn damit vor seinen Mitmenschen schädigen oder lächerlich machen, könnte seine beruflichen Chancen verschlechtern, könnte seine Ehre in den Schmutz ziehen. Was ich erfahre, ist mir daher wie in Treuhänderschaft übergeben: in der Hoffnung, dass ich es schütze wie ein kostbares Kleinod, es nur denen zeige, die in gleicher Weise verantwortungsvollen Gebrauch davon machen. Kurzum: Hier werden nicht nur Informationen angereichert und Erkenntnisse vermehrt, sondern auch persönliche Beziehungen geschaffen und vertieft, in denen ein Mensch sich buchstäblich dem anderen ausliefert. Das ist fortan nie wieder rückgängig zu machen. Daraus kann die wunderbare

Frucht einer großen Freundschaft und Liebe wachsen, aber im Fall des Missbrauchs auch die Katastrophe eines ganzen Lebens.

Diesen sehr vielschichtigen Vorgang also bezeichnen wir gelegentlich mit den Worten: Dieser Mensch hat sich mir »offenbart«. Gewöhnlich sagen wir, und das ist dem Sachverhalt wahrscheinlich viel angemessener: Er hat sich mir »anvertraut«. Denn in dem Wort »anvertrauen« liegt beides: Vermehrung meines Wissens und die Hoffnung, dass ich mit diesem Wissen in der richtigen Weise umgehe.

Was sagt die Heilige Schrift?

Merkwürdig nun: Die Heilige Schrift spricht nie in dieser Weise davon, dass Gott »sich offenbart« habe. Um gleich beim Neuen Testament zu bleiben: Die Worte »offenbaren« und »Offenbarung« beziehen sich im Sprachgebrauch der neutestamentlichen Schriftsteller nicht auf Gott, sondern auf Sachverhalte – die freilich mit Gott zu tun haben. Da wird offenbart, was kein Auge gesehen und kein Ohr gehört hat (1 Kor 2,10), die kommende Herrlichkeit (Röm 8,18; 1 Petr 5,1), das Geheimnis Christi (Eph 3,5; Röm 16,25), der Glaube (Gal 3,23), der Antichrist (2 Thess 2,3), das Heil (1 Petr 1,5). Gott offenbart seine Gerechtigkeit (Röm 1,17), seinen Zorn, sein Gericht (Röm 1,18; 8,19). Er offenbart das Geheimnis Jesu »den Kleinen« (Mt 11,25), dem Petrus (Mt 16,17), dem Paulus (Gal 1,15). Christus wird sich offenbaren, nämlich bei seiner Wiederkunft in Herrlichkeit (1 Kor 1,7; 2 Kor 12,1; Gal 1,12; 2 Thess 1,7). Ja, auch von dem, was wir gewöhnlich »Privatoffenbarung« nennen, spricht das Neue Testament gelegentlich (zum Beispiel Offb 1,1; Gal 2,2). Aber nie heißt es in der uns gewohnten Redeweise: Gott hat »sich selbst offenbart«.

Doch wenn wir genauer hinschauen, haben wir alles beisammen, um genau diesen Satz sagen zu können. Denn die

»Sachverhalte«, die hier »offenbart« werden, sind ja keineswegs Informationen zur Befriedigung unserer Neugier. Gott offenbart vielmehr, wie er zu uns Menschen steht, wie er an uns handelt und wohin er uns bringen will. Er offenbart seinen gerechten Zorn, aber auch seinen Willen, uns das Heil zu schenken; er offenbart seinen Sohn, und das heißt: seine alle Maßstäbe und Erwartungen sprengende Liebe zu uns; er offenbart den Glauben, das heißt: die befreiende Nachricht, dass wir nicht alle Hoffnung auf unsere eigene Leistung setzen müssen, sondern uns selbst und unser Leben vertrauend ihm überlassen dürfen.

Eben darin zeigt uns Gott sein wahres Wesen. Denn wo wir auch anfangen, über Gott nachzudenken, ob bei der Heiligen Schrift oder bei den Überlegungen der Philosophie, es gibt nicht den geringsten Grund, der uns zu sagen erlaubte: Das ist ja eigentlich alles selbstverständlich, Gott *muss* so sein, wenn er Gott ist. Viel näher liegt der Gedanke, dass Gott die Menschen ihrem eigenen Schicksal überlässt, nachdem sie in einem Anfall von Wahnsinn meinten, sich gegen ihren Schöpfer auflehnen und sich selbst zu ihren eigenen Herren machen zu können. Es ist schon ein wenig merkwürdig, zumindest unlogisch, dass wir zwar lauthals die »Ungerechtigkeit« Gottes beklagen können, wenn wir leiden müssen, aber nie auf den Gedanken kommen, dass es eigentlich genau so »ungerecht« ist, wenn er sich seinen widerwilligen und rebellischen Geschöpfen trotzdem bedingungslos zuwendet. Kurzum: Der Satz des Johannesevangeliums: »So sehr hat Gott die Welt geliebt, dass er seinen eingeborenen Sohn hingab, damit jeder, der an ihn glaubt, nicht verloren geht, sondern das ewige Leben hat« (Joh 3,16), liegt *nicht* auf der Fluchtlinie dessen, was wir von Gott wissen und erwarten können. Er zeigt uns Gott in so unerwarteter Weise, dass wir wirklich sagen dürfen: Gott zeigt uns ein anderes Gesicht. Was wir bisher von ihm wussten oder wissen konnten, war wie eine Maske, die Gott mehr verbirgt als sehen lässt. Dass Gott die Sünder sucht; dass Gott mit dem Menschen immer wieder neu anfängt trotz seines Widerstandes; dass Gott die Welt nicht vernichtet, sondern liebt; dass Gott das Leben dieser Erde in Jesus Christus geteilt hat – das konnte und kann kein Mensch sich selber sagen. Das musste Gott uns buchstäblich »anvertrauen«.

Und dies dann auch in jenem tieferen Sinne, von dem wir schon gesprochen haben. Gott liefert sich uns dadurch aus. Der mächtige Gott begibt sich in die Ohnmacht. Seit den Tagen Jesu bis heute nehmen die Menschen immer wieder deshalb besonderen Anstoß am christlichen Glauben, weil er von einem Gott spricht, der nicht Gleiches mit Gleichem heimzahlt; von einem Gott, der mit Vorliebe auf der Seite der Schwachen und Unterlegenen steht; ja, der selber leidet und in das Todesschicksal der Menschen eintritt und offenbar den Anforderungen dieses irdischen Lebens oder dem, was man dafür hält, so wenig gewachsen ist. Das, was Gott uns von sich »anvertraut« hat, kann ihn tatsächlich vor der Welt zum Gespött machen. Und wir selbst haben es in der Hand, sogar dazu beizutragen.

Offenbarung und Verhüllung

Wenn wir also fragen: Hat Gott sich offenbart? – dann können wir gewiss ohne Umschweife antworten: Ja, er hat sich offenbart. Das Wort »Offenbarung« ist eine Zusammenfassung für all das, was wir von uns aus nie und nimmer von Gott wissen können, was er uns vielmehr selber zu unserer größten Überraschung von sich zu wissen gibt. Wir müssen nur, wenn wir dieses Wort gebrauchen, uns darüber im Klaren sein, dass wir hier nicht nur gewissermaßen von Zusatzinformationen sprechen, die unser sonstiges Wissen von Gott irgendwie ergänzen, unsere philosophischen Gottesspekulationen vertiefen. Unser besseres und tieferes Wissen um Gott ergibt sich gerade so, dass er mit uns in eine Gemeinschaft tritt, die wir von uns aus nie erwarten durften. Deswegen, sagten wir, können wir das Gemeinte auch so wiedergeben: Gott hat sich uns anvertraut.

Hier zeigt sich eine eigenartige Verwandtschaft mit dem, was »glauben« heißt. Glaube ist ja nicht zuerst Erkenntnis und, darauf gestützt, danach Hingabe, sondern zuversichtliches Vertrauen, das Erkenntnis einschließt, und zwar desto mehr, je tiefer es wird. Dem entspricht, dass Gottes Offenbarung zuerst seine liebende Zuwendung zu uns ist, und indem wir sie annehmen und uns ihr überlassen, geht auch unserem Erkennen fortschreitend auf, wer Gott eigentlich ist und dass er ganz anders ist, als wir gedacht haben.

Aber wir müssen auch hier noch ein Letztes bedenken, was sich bereits bei unseren Überlegungen zur »Offenbarung« unter Menschen zeigte. Je mehr sich Gott uns anvertraut, desto mehr begreifen wir, dass wir ihn nie begreifen werden. Wie soll man das auch begreifen: Gott gibt seinen eigenen Sohn für uns dahin? Der allmächtige Gott begibt sich in die Ohnmacht? Gott leidet mit den Menschen? Darum weisen die Theologen heute mit Nachdruck darauf hin: Gottes Offenbarung hebt sein Geheimnis nicht auf, sondern stellt es so vor uns hin, dass wir im Nachdenken darüber nie an ein Ende kommen; dass uns gewissermaßen der Stoff bei der Frage nach Gott nie ausgeht.

Das hat eine zuweilen sehr anstrengende Konsequenz: Die Offenbarung Gottes ist zugleich seine Verhüllung. Darüber darf uns das Wort »Offenbarung« – das entsprechende Wort des Neuen Testamentes heißt im Wortsinne: »den Schleier wegziehen« – nicht hinwegtäuschen. Und zwar verhüllt sich Gott in seiner Offenbarung gerade dadurch, dass er sich uns anvertraut und sich dadurch in die Ohnmacht vor der Welt begibt. Solange die Welt und die Menschen denken, dass Gott sich vor allem als der mächtige und glanzvolle Sieger über alle Bosheit und alles Unheil erweisen und außerdem nicht mit den Schwachen, sondern mit den Tüchtigen sein müsse – und das werden die Welt und die Menschen immer denken –, solange wird die Offenbarung Gottes vor der Welt immer verhüllt und verborgen sein. Sieht man es denn dem Kreuz Jesu an, dass hier Gottes Liebe zu den Sündern sich siegreich durchsetzt? Sieht die Welt, die »Gott so sehr geliebt hat«, erlöster und geheilter aus als vor dem Auftreten Jesu Christi? Sieht es so aus, als ob die Kirche zum Sauerteig in der Welt würde und mit ihr zusammen dem Reich Gottes entgegenreift? Wer hier von Offenbarung spricht, der redet vom genauen Gegenteil dessen, was unsere Augen und Ohren Tag für Tag wahrnehmen. Wir können nicht so, dass alle Gegner sprachlos werden, mit dem Finger auf etwas hinzeigen und sagen: Seht da, hier ist unstreitig Gott am Werk. Mit anderen Worten: Das Wort von der »Offenbarung« Gottes ist in der Bibel und in der Überlieferung des christlichen Glaubens nie anders gemeint gewesen als so, dass sie *geglaubt* werden muss. Die Offenbarung Gottes ersetzt nicht den Glauben, verwandelt ihn nicht in Schauen, ja sie stützt ihn, genaugenommen, nicht einmal, vielmehr: Sie fordert ihn.

Der Satz »Gott hat sich offenbart« bringt zusammenfassend zum Ausdruck, dass wir mit guten Gründen überzeugt sind: In Jesus Christus, durch sein Leben, Wort, Leiden und Auferstehen ist Gott verborgen der Welt nahe und gibt uns daher Mut, auch noch in ihren Leiden auszuharren und Hoffnung zu bewahren, obwohl aller Augenschein dagegen spricht. Wir können niemanden zwingen, diese Überzeugung zu teilen. Wir können freilich versuchen, ein ansteckendes Beispiel zu geben, wie man in der Kraft dieser Überzeugung das Leben bewältigt.

Übrigens ist dies auch der Sinn der wichtigen Stelle im Alten Testament, die von so etwas wie einer Selbstoffenbarung Gottes spricht. Gott begegnet dem Mose im brennenden Dornbusch und offenbart ihm seinen »Namen«, was für einen Israeliten so viel bedeutet wie: sein Wesen. Und dieser Name ist: »Jahwe«, und das ist ein ganzer Satz. Er lautet: Ich werde da sein (Ex 3,14). Also wohlgemerkt nicht: Ich bin! Gott (und der alttestamentliche Schriftsteller) haben auch hier kein Interesse daran zu bestätigen, dass Gott wirklich existiert. Der Satz »Ich werde da sein« bedeutet vielmehr, wie uns die Kenner des Alten Testamentes belehren: Ich werde auf eurer Seite sein, ich werde *euer* Gott sein. Wieder also: Gott vertraut sich den Menschen an, er wendet sich seinem Volke zu, und dieses kann sich darauf verlassen – einem Volk, das sich oft gegen seinen Gott auflehnen wird. Trotzdem gilt: Ich werde da sein. Und das ist der »Name« Gottes – sein Wesen, das, wodurch Gott Gott ist. Welcher Mensch könnte sich solch einen Gott ausdenken?

3. Kapitel

Wie hilft uns die Heilige Schrift zur Erkenntnis Gottes?

In den 70er-Jahren des vorigen Jahrhunderts war unter Gläubigen und Ungläubigen ein deutscher Schriftsteller in aller Munde: Werner Keller. Berühmt wurde er durch ein Buch, das in alle Weltsprachen übersetzt wurde und eine Auflage von insgesamt mehreren Millionen erreichte. Sein Titel lautete: »Und die Bibel hat doch recht«.

Die Bibel – ein schwieriges Buch

Warum haben sich die Menschen gerade für dieses Buch so interessiert, obwohl die anderen Bücher von Werner Keller nicht weniger spannend geschrieben waren? Offensichtlich waren viele Menschen, darunter auch zahllose Christen, nicht mehr sicher, ob die Bibel in allem, was sie berichtet, immer irrtumsfrei recht hatte. Zu viele Theorien waren aus den Arbeitszimmern gelehrter Theologen inzwischen auch zum Kirchenvolk vorgedrungen, wonach dieser oder jener Bericht des Alten oder Neuen Testaments unmöglich eine wirkliche Begebenheit darstellen könne, vielmehr ins Reich der frommen Legende zu verweisen sei. Wenn die Bibel aber voll von Legenden und falschen Berichten ist, wie soll man ihr dann noch trauen können, wo es um ihre eigentliche Botschaft geht: um das, was sie uns von Gott, von Jesus Christus, von unserem Verhältnis zu Gott sagt? Hier hat nun Werner Keller sich gründlich in der Bibelwissenschaft und in der Altertumsforschung umgesehen und Punkt für Punkt zu beweisen versucht, dass Texte und Berichte, die man für fromme Legenden zu halten sich inzwischen angewöhnt hatte, doch mit der geschichtlichen Wirklichkeit übereinstimmen, und zwar genauso, wie sie lauten, wenn man sie nur richtig versteht. Und so atmeten viele verunsicherte Christenmenschen auf und gewannen ihr Vertrauen zur Bibel zurück, zu ihren historischen Berichten und darum auch zu ihrer Glaubensbotschaft von Gott.

Aber ob nun Keller selbst immer recht hatte, wo er meinte, dass die Bibel recht habe – und er hat damals viel Kritik der Bibelwissenschaftler einstecken müssen, was aber der Verbreitung seines Buches keineswegs geschadet hat –, eine Schwierigkeit hat auch er nicht beseitigen können: dass der Inhalt der Bibel voll ungeheurer Spannungen ist. Die Bibel ist und bleibt ein schwieriges Buch. Keine Auskunft wäre leichtfertiger als diese: Nimm die Heilige Schrift zur Hand und lies darin, dann wirst du den Sinn ganz von selbst verstehen. Darum ist es, nebenbei bemerkt, auch grober Unfug, wenn zuweilen Missionare moderner Sekten an unsere Haustür kommen, uns alles Mögliche über Gott und die Welt erzählen, dann die Bibel aufschlagen und sagen: »Da steht es geschrieben.« Selbst dann, wenn wir es im Augenblick nicht besser wissen, brauchen wir uns davon nicht ins Bockshorn jagen zu lassen. Wer nicht erst einmal die biblischen Ursprachen lernt und anschließend mehrere Jahre Bibelwissenschaft studiert, kann die Bibel nicht verstehen und erklären. Jedenfalls sehr vieles nicht, was in ihr geschrieben steht.

Damit entsteht für uns aber eine schwere Frage: Was soll uns dann noch die Bibel? Wie soll sie uns zur Erkenntnis Gottes helfen können, wenn nur einige wenige Fachleute sie wirklich verstehen können? Führen wir uns diese Schwierigkeit einmal an zwei Beispielen vor Augen. Im Buch Deuteronomium des Alten Testaments fordert Mose, wie er sagt, im Auftrag Gottes die Israeliten auf, im gelobten Land Kanaan nach ihrem Einzug an den vorherigen Völkern des Landes den sogenannten »Bann« zu vollziehen, das heißt, ausnahmslos alle Männer, Frauen und männlichen Kinder sowie alles Vieh zu töten und alle Habe zu zerstören. Ausgenommen waren nur unverheiratete Mädchen – aber auch das nicht immer (Dtn 7,1–5; 20,15–19). Mehrfach berichtet das Alte Testament, dass die Israeliten im sogenannten »Heiligen Krieg« so verfahren sind (Num 21,1–3; Jos 6,17–25; Ri 1,17; 1 Sam 15,1–9). »Den Bann vollstrecken« war eine ganz furchtbare militärische Maßnahme. Wir können uns heute eine Vorstellung davon machen, wenn wir an das denken, was sich etwa hinter den militärischen Parolen »Keine Gefangenen!« und »Verbrannte Erde!« verbirgt. Israel hat diese Maßnahme sicherlich nicht erfunden, sondern anderen Völkern und ihrer Kriegspolitik abgeschaut. Die Altertumsforscher sind allerdings unsicher, ob der Bann von den großen zivilisierten Völkern in der Umgebung Israels, nämlich in Assyrien und Babylonien, noch angewandt wurde. Im Buch Deuteronomium aber wird er an den erwähnten Stellen allen Ernstes damit begründet, er sei nötig, damit die Israeliten ihren Glauben an Gott von aller Gefahr fremder Einflüsse durch die Religion der früheren Einwohner des Landes freihalten könnten. Die Sache wird auch dadurch nicht besser, dass Fachleute für das Alte Testament heute bezweifeln, dass die Israeliten so verfahren sind. Ist es nicht schlimm genug, wenn sie es sich (später) *gewünscht* haben, es möge so geschehen sein?

Mit diesem Text vergleichen wir einen anderen, ebenfalls aus dem Alten Testament. Im 2. Kapitel des Buches Jesaja lesen wir folgenden Prophetenspruch: »In der Folge der Tage wird es geschehen: Da wird der Berg des Hauses Jahwes fest gegründet stehen an der Spitze der Berge und erhaben sein über die Hügel. Zu ihm strömen alle Völker. Dorthin pilgern viele Nationen und sprechen: ›Auf, lasst uns hinaufziehen zum Berge Jahwes, zum Hause des Gottes Jacobs! Er lehre uns seine Wege, und wir wollen auf seinem Pfade wandeln. Denn von Zion wird ausgehen das Gesetz und das Wort Jahwes von Jerusalem.‹ Dann wird er richten zwischen den Völkern und vielen Nationen Schiedsrichter sein. Sie werden umschmieden ihre Schwerter zu Pflugscharen und ihre Speere zu Winzermessern. Nimmer wird Volk gegen Volk zum Schwerte greifen; üben wird man nicht mehr zum Krieg. Haus Jacobs, wohlan! Lasst uns wandeln im Lichte Jahwes!« (Jes 2,2–5).

Der Unterschied zwischen diesem Text und den zuvor genannten Texten des Alten Testaments springt in die Augen. Das eine Mal Gott als Antreiber zu erbarmungslosem Vernichtungskrieg, das andere Mal Gott als Quelle des Friedens für alle Völker. Ich habe bewusst auch den zweiten Text aus dem Alten Testament gewählt, damit wir uns nicht eilfertig die Schwierigkeit durch den Hinweis erleichtern, das Neue Testament »reinige« ja ohnehin den Gottesglauben des Alten Testaments. Wir kommen nicht an der Frage vorbei: Welcher Text sagt uns denn nun die Wahrheit über Gott? Sie können nicht beide zugleich Wahrheit sagen, und wir können, heute jedenfalls, kaum begreifen, wie die alten Israeliten beides zusammen als Heilige Schrift und Wort Gottes glauben und verstehen konnten.

Die Bibel – ein menschliches Buch

Seit den Tagen des Religionsunterrichts in Schule und Gemeinde wissen wir, dass die Bibel »Gottes Wort« ist. Dieser Satz bleibt wahr, aber die von uns gewählten Beispiele machen deutlich, wie man ihn *nicht* verstehen darf. Die Bibel ist nicht in dem Sinne Gottes Wort, dass Gott es gewissermaßen höchstpersönlich vom Himmel her wie durch einen Lautsprecher hat hören und aufschreiben lassen. Es ist völlig undenkbar, dass der Befehl zur Ausrottung eines gegnerischen oder einfach nur andersgläubigen Volkes von Gott stammt. Im Übrigen sind das nicht die einzigen Texte der Bibel, die wir unmöglich direkt dem Gott zuschreiben können, von dem es im Neuen Testament heißt: Er ist die Liebe (1 Joh 4,8). Wegen solcher und anderer Texte hat es denn auch mehrmals in der Kirchengeschichte Irrlehrer gegeben, die das ganze Alte Testament nicht als Offenbarung Gottes gelten lassen wollten. Aber selbst das Neue Testament kommt in dieser Hinsicht nicht ganz ungeschoren weg. Wenn Sie es nicht glauben, dann lassen Sie sich doch einmal von einem, der Griechisch kann, ganz wörtlich den Satz Gal 5,12 übersetzen, beziehungsweise lesen Sie ihn nach in einer genauen deutschen Übersetzung jüngsten Datums. Und welche moderne Frau, auch wenn sie Christin ist, würde sich nicht ganz entschieden dagegen verwahren, dass Wort Gottes sei, was 1 Tim 2,8–15 über die Behandlung der Frauen zu lesen steht?

Nun können wir dieses Problem nicht dadurch lösen, dass wir sagen: Einige Texte in der Heiligen Schrift sind nur Menschenwort, das andere ist Gottes Wort. Denn nach welchem Maßstab sollen wir das entscheiden? Die Bibel selbst ist doch die Norm und der Maßstab unseres Glaubens. Wollen wir Gottesworte und Menschenworte in der Bibel gewissermaßen auf eine weiße und eine schwarze Liste verteilen, dann brauchten wir, um das zu bewerkstelligen, noch einmal ein Wort Gottes über die Bibel hinaus als Maßstab. Ein solches ist uns nicht gegeben.

Nein, es führt kein Ausweg daran vorbei: Die Bibel ist zunächst voll und ganz ein *menschliches* Buch, geschrieben von Schriftstellern, die mehr oder weniger begabt, vor allem aber Kinder ihrer Zeit waren und darum in den Büchern der Bibel nicht Gottes höchstpersönliches Wort, sondern die Glaubensüberlieferungen ihres Volkes, der Menschen ihrer Umgebung und auch ihre höchstpersönlichen Vorstellungen von Gott niederschrieben. Um es ganz deutlich zu sagen: Wollten wir uns diesen Vorstellungen wortwörtlich, wie sie da stehen, anvertrauen in der Annahme, sie seien das reine Wort Gottes, wir torkelten von einer Verwirrung in die andere und wären am Ende gänzlich in die Irre geführt. Das können wir ja vor allem bei vielen Sekten unserer Tage beobachten, die sich in ihren Glaubensauffassungen an einigen Stellen der Bibel beziehungsweise an einer bestimmten Auslegung einiger Stellen der Bibel festbeißen, insoweit auch durchaus recht haben können, aber nicht sehen wollen, dass so und so viele andere Texte dem widersprechen und unbedingt mitberücksichtigt werden müssen, wenn man die volle Wahrheit der Bibel erkennen will. Nur wenn wir von der vollen Menschlichkeit der Bibel ausgehen, werden wir nicht mehr in Verwirrung gestürzt durch zahllose Aussagen über Gott, die wir mit unserem Glauben gar nicht vereinbaren können. Denn dass *Menschen* sich sehr seltsame Gedanken über Gott machen können, wundert uns ja gewiss nicht.

Die Bibel – Einladung zum Glauben an Gott

Was soll uns aber, wenn es so steht, dann noch die Bibel? Sollen wir sie überhaupt noch lesen in der Erwartung, dass sie uns zur Erkenntnis Gottes verhilft? Wenn nur die Experten sie verstehen, ist es dann nicht das Beste, es dabei zu belassen, wie es ohnehin vielfach geschieht: Die Experten stellen uns in allgemeinverständlicher Weise und ohne uns mit allzu viel wissenschaftlichen Einzelheiten zu quälen, den entscheidenden Kern der biblischen Botschaft dar, und wir, die wir nicht Bibelwissenschaft studiert haben und studieren können, beschäftigen uns mit der Bibel nur aus zweiter Hand, in dem Wissen, dass wir ihren eigenen Text ohnehin nur missverstehen werden?

Diese Methode muss man gar nicht tadeln, und Millionen Christen kommen, einmal abgesehen von den Bibellesungen im sonntäglichen Gottesdienst, allein auf diese Weise mit der Bibel und ihrer Botschaft in Berührung. Trotzdem ist da eine Überlegung, die uns nötigen kann, uns noch nicht zu schnell zufrieden zu geben. Auch die Experten können nämlich die »anstößigen« Stellen der Bibel über Gott und sein Gebot an die Menschen höchstens erklären und ihren geschichtlichen Hintergrund deutlich machen.

Aber auch sie können mit keinen Mitteln der Welt solche menschlich-allzumenschlichen Vorstellungen in die reine Wahrheit über Gott verwandeln. Sie werden also für uns solche Stellen geflissentlich übergehen und uns damit nicht die *ganze* Aussage der Bibel vermitteln, oder sie werden uns durch ihre Erklärungen nun erst recht auf die Spannungen und Risse im Bild der Bibel von Gott stoßen. Damit stehen wir erneut vor der Frage: Wie soll uns das menschliche Wort der Bibel zur Erkenntnis Gottes verhelfen?

Wir kommen nur weiter, wenn wir einen ganz anderen Weg suchen, die Bibel als Wort Gottes an uns zu verstehen. Dazu müssten wir nun eigentlich tatsächlich Bibelwissenschaft studieren. Das können wir hier nicht. Aber vielleicht können wir einige Hinweise geben, sozusagen eine Faustregel entwickeln, wie man hilfreich die Bibel lesen kann, selbst wenn man kein Bibelwissenschaftler ist.

Zunächst: Es ist überhaupt kein Einwand, es ist auch gar nicht verwunderlich, wenn die Bibel fürs erste Lesen unweigerlich den Eindruck erweckt, dass hier menschliche Vorstellungen und Überzeugungen von Gott aufgezeichnet sind und eine geschichtliche Entwicklung dieser Vorstellungen und Überzeugungen beschrieben wird. Wenn es wahr ist, dass Gott sich nicht oberhalb der Welt und über unseren Köpfen, sondern in ganz weltlichen und menschlichen Formen offenbart (vergleiche das 2. Kapitel), wo soll dann anders Wahrheit über Gott zum Vorschein kommen als in menschlichen Gedanken und Vorstellungen und deren Entwicklung und allmählicher Reifung? Das Besondere an der Bibel besteht nicht darin, *dass* hier menschliche Anschauungen über Gott und gar noch solche aus ferner Zeit aufgeschrieben sind, das Besondere an der Bibel besteht vielmehr darin, *was* für Anschauungen dies sind. Es ist auch kein Wunder, dass in diese biblischen Anschauungen von Gott Einflüsse aus den Religionen der umliegenden Völker eingehen, entscheidend und unverwechselbar ist vielmehr, was in Israel und in der Bibel aus diesen Einflüssen wird. Dies sollten wir also in aller Unbefangenheit festhalten: Wenn die Bibel Wort Gottes ist, oder, was jetzt nicht mehr unverständlich ist: wenn uns in der Bibel das Wort Gottes trifft, so geschieht dies auf keinem anderen Wege als so, dass in der Bibel der Glaube Israels und dessen fortschreitende Entwicklung, Reinigung und Reifung über mehr als ein Jahrtausend hin aufgeschrieben ist. Wir haben daher gar keinen Anlass zu erschrecken, wenn jemand etwa die Botschaft der Bibel mit religiösen Anschauungen der umliegenden Völker vergleicht. So etwas kann die Eigenart der Bibel nur noch klarer machen – und im Entscheidenden hält die Bibel jeden solcher Vergleiche aus!

Durch die Aufzeichnung dieser Glaubensüberlieferungen – die Aufzeichnungen des Neuen Testaments über Jesus Christus und den Glauben der jungen Kirche nicht ausgenommen! – ist die Bibel in sich selbst eine *Einladung*, in den Prozess jener Glaubensüberlieferung einzutreten, kurz gesagt: ebenfalls an den Gott zu glauben und das Leben auf ihn zu gründen, von dem in der Bibel die Rede ist. Damit ist hier schon deutlich: *Ohne* unseren Glauben und außerhalb von ihm kann vom Wort Gottes in der Bibel sinnvoll nicht die Rede sein, weil außerhalb des Glaubens ja von jenem Gott nicht die Rede ist, nach dessen Wort in der Bibel gefragt wird.

Aber nun noch einmal: *Welcher* Gott soll denn nun zum Glauben einladen, der Gott, der den Bann zu vollstrecken gebietet oder der alle Völker nach Jerusalem ruft? Dies ist wieder die Frage nach dem Besonderen der biblischen Botschaft. Und hier nun die Faustregel: Das Unverwechselbare der biblischen Botschaft von Gott liegt darin, dass Gott die Gemeinschaft mit den Menschen sucht und darin Leben und Freiheit für den Menschen will. Nach den »normalen« Anschauungen der Religionen suchen die Götter nicht die Gemeinschaft der Menschen, sondern halten sie auf ehrfurchtsvoller Distanz. Sie wollen das Leben des Menschen nicht um jeden Preis, sondern nur zu ihren Bedingungen.

Und sie fürchten den freien Menschen als ihren Konkurrenten. Der Gott der Bibel aber hat seinem Volk ausdrücklich gesagt: »Ich werde euer Gott sein«. – »Ich werde mit euch und für euch da sein«. Und seine Zehn Gebote leitet er ein mit dem Satz: »Ich bin Jahwe, dein Gott, der ich dich aus Ägypten, dem Sklavenhause, herausgeführt habe« (Dtn 5,6). Um diesen Maßstab im Einzelnen anzulegen, werden wir zwar immer wieder der Hilfe der Bibelwissenschaftler bedürfen – aber die haben wir ja! Wenn aber auch der einfache Bibelleser, die einfache Bibelleserin die Aussagen der Bibel über Gott und sein Verhältnis zu uns gewissermaßen durch diese Brille liest: Ist hier die Rede von dem Gott, der uns sucht, der uns leben lässt und der uns befreit? – dann darf er oder sie sicher sein, nicht grundsätzlich an der entscheidenden Botschaft der Bibel über Gott vorbeizugehen.

Diese Botschaft nun lädt uns zum Glauben ein, lädt uns ein, davon auszugehen, dass sich darin Gott »uns anvertraut« hat. Und nun kann man doch selbst als ganz neutraler Beobachter weiter überlegen: Wenn ein Mensch diese Einladung annimmt, wenn er sich dem Anspruch, der in dieser Botschaft der Bibel liegt, ausliefert, wenn er also *glaubt,* dann kann er es doch nie und nimmer als Zufall ansehen, dass er diesen Glauben gerade durch Begegnung mit der Bibel empfangen hat. Dann ist aber doch die logisch zwingende Konsequenz: Die Bibel selbst ist gewissermaßen das Werkzeug, durch das Gott meinen Glauben geschaffen hat. Das Wort Gottes, auf das ich mich nun verlasse, begegnet mir verborgen, aber wirklich und wirksam im Menschenwort der Heiligen Schrift.

Nun können wir auch die Frage dieses Kapitels beantworten. Wer aufmerksam die Bibel liest und dabei sucht nach dem Gott der Gemeinschaft, dem Gott des Lebens und dem Gott der Freiheit, dem verhilft die Bibel dann auch dazu, diesen Gott zu erkennen, ihn immer besser zu erkennen, immer mehr überraschende Züge an ihm zu entdecken. Denn der Gott der Bibel, den wir auf diese Weise entdecken, ist kein blasses, namenloses »höchstes Wesen«, sondern, wie man treffend gesagt hat, »ein Gott mit Eigenschaften« (Hans Küng). Machen Sie doch einmal einen »Test« und lesen Sie nach solchen Gesichtspunkten zum Beispiel Psalm 8 oder Psalm 139 oder das Prophetenwort Jeremia 31,31–37!

Im Übrigen wird zu diesem Thema noch Deutlicheres zu sagen sein, wenn wir in einem späteren Kapitel über die Bedeutung Jesu Christi für unsere Gotteserkenntnis sprechen.

4. Kapitel

Können wir das Dasein Gottes beweisen?

Ein bekannter deutscher Schriftsteller und Journalist, Rudolf Walter Leonhardt, hat 1976 in einem geistvollen Buch mit dem Titel »Argumente pro und contra« auch die Gründe für und wider Gott zusammengestellt und gegeneinander abgewogen. Sein Ergebnis lautete: »Logik führt zu zwei Schlussfolgerungen, von denen die erste keinen Anspruch auf Originalität erhebt: Die Existenz Gottes ist unbeweisbar. Für den Zeitgeist etwas weniger selbstverständlich ist die zweite: Ebenso unbeweisbar ist die Nicht-Existenz Gottes.« Ist also schon die Frage nach der Beweisbarkeit Gottes eine unsinnige Frage, wenn sie zu solchem, alles offenlassenden Ergebnis führt? Der Autor lässt jedenfalls durchblicken, dass dieses Ergebnis eher zugunsten als zuungunsten des Daseins Gottes spricht, und zwar deswegen, weil man leicht den Kontakt zur Wirklichkeit verliert, wenn als sinnvoll nur solche Fragen bezeichnet werden dürfen, die sich in das Raster der begrifflich scharf abgrenzenden und logisch schlussfolgernden Vernunft einordnen lassen.

Trotzdem gibt das Ergebnis unseres Journalisten die allgemeine Meinung, ja die allgemeine Stimmung der außerchristlichen und außerkirchlichen Geistesgrößen der letzten 200 Jahre wieder, und die lautet: Gottes Dasein zu beweisen ist unmöglich. Diese Meinung hat ihren schärfsten Ausdruck und – mit Verlaub – ihre geistvollste Begründung durch den großen Philosophen Immanuel Kant (1724–1804) gefunden, der darum auch gern als »Zerstörer der Metaphysik« und »Zertrümmerer des Gottesbeweises« bezeichnet und gefeiert wird. Dieses Urteil beten denn so ziemlich alle Geisteshelden bis auf den heutigen Tag nach, ohne noch einmal genauer hinzuschauen.

Gegen solche Skepsis hat schon im 19. Jahrhundert das Erste Vatikanische Konzil (1869–1870) als feste Überzeugung des katholischen Glaubens herausgestellt: »Gott, aller Dinge Grund und Ziel, kann mit dem natürlichen Licht der menschlichen Vernunft aus den geschaffenen Dingen mit Sicherheit erkannt werden.« Das Zweite Vatikanische Konzil hat in der Pastoralkonstitution »Über die Kirche in der Welt von heute« diese Lehre des vorausgehenden Konzils wörtlich zitiert und bekräftigt (Artikel 19–21). Was sollen wir also tun? Sollen wir die Skepsis unserer Zeit einfach nicht wahrhaben wollen? Sollen wir einfach *glauben*, dass wir Gott *beweisen* können? Aber was ist ein »Beweis« wert, dessen Möglichkeit wir glauben müssen, statt dass er uns aus der Kraft seiner Gründe einleuchtet?

Das Beste ist, wir schauen uns einfach einmal einen solchen »Gottesbeweis« an. Es gibt ihrer mehrere, oder besser gesagt: Es gibt mehrere Wege des einen Gottesbeweises. Wir greifen einen besonders »eingängigen« heraus, den Gottesbeweis, der bei der Tatsache der Bewegung in der Welt seinen Ausgang nimmt. Dabei halten wir uns an die entsprechenden Darlegungen bei Thomas von Aquin (1225–1274) in seiner »Summe der Theologie«, 1. Buch, Frage 2, Artikel 3 (Deutsche Thomas-Ausgabe, Bd. 1).

Wie sieht ein Gottesbeweis aus?

Die Welt ist voller Bewegung und Veränderung in allen ihren Bereichen. Das steht durch unsere alltägliche Erfahrung fest. Nun kann aber nichts in Bewegung kommen, wenn es dazu nicht einen Bewegungsanstoß erhält. Wirklich nicht? Kann sich denn nichts selbst bewegen? Die Frage ist entscheidend – darum bitte intensiv mitdenken! Bevor etwas in Bewegung kommt, ist es in Ruhe – ein stehender Wagen zum Beispiel. Die Ruhe kann nicht Quelle der Bewegung werden, weil sie gerade deren Gegenteil ist. Um in Bewegung *kommen* zu können, müsste etwas schon in Bewegung *sein* – der Wagen zum Beispiel. Denn Bewegung kann nur von Bewegung kommen, wenn deren Gegenteil, die Ruhe, nichts in Bewegung bringt. *Ist* aber – bleiben wir beim Beispiel – unser Wagen schon in Bewegung, dann braucht er nicht mehr in Bewegung zu *kommen.* Wer logisch mitgedacht hat, sieht nun ein: Wenn unser Wagen *ohne* Bewegungs*anstoß* in Bewegung *kommen* soll, dann müsste er zugleich in Ruhe und in Bewegung sein, müsste zugleich stehen und fahren. Ohne vorherige Ruhe kein In-Bewegung-*Kommen,* ohne vorherige Bewegung kein In-*Bewegung*-Kommen. Ruhe und Bewegung zugleich, Stehen und Fahren zugleich – das ist aber ein Widerspruch. Kurz gesagt also: Nichts kann sich im strengen Sinne selbst bewegen – sonst könnte sich auch Münchhausen selbst am eigenen Schopf aus dem Sumpf ziehen. Wo sich etwas scheinbar »von selbst bewegt« – zum Beispiel ein Lebewesen –, da sehen wir in Wahrheit nur nicht auf den ersten Blick, dass ein Unterschied zwischen Bewegtem und Bewegungskraft besteht.

Woher hat nun aber der oder das seine Bewegung, von dem der Bewegungsanstoß auf das bisher Unbewegte ausgeht? Die Antwort ist klar: ebenfalls wieder von außen, von einem anderen, und zwar aus denselben Gründen, die wir schon angeführt haben. Und woher hat diese neue andere Bewegungsquelle ihr Bewegtsein? Wieder von einem anderen. So könnten wir immer weiter zurückfragen. Das Grundmuster des Vorgangs, die Grundweise, wie Bewegung in der Welt zustande kommt, würde sich nie ändern.

Also muss irgendwo einmal eine Bewegungsquelle auftauchen, die anderes in Bewegung bringt, aber selber nicht mehr zu der Rückfrage zwingt, woher es dazu die eigene Bewegung hat. Ein Beweger also, der nicht, wie alles andere, was in Bewegung ist, wiederum von außen dazu angestoßen wird, sondern in sich selbst reine Bewegungsmacht ist, ein »unbewegter Beweger«, wie schon der alte, vorchristliche Philosoph Aristoteles (384–321 v. Chr.) ihn nannte. Auf diese Folgerung können wir nicht verzichten. Wir können nicht sagen: Die Reihe der Bewegungen und Bewegungsanstöße ist unendlich und erklärt sich durch sich selbst, sie bedarf keines ersten Bewegers. Das wäre genauso, wie wenn ich zum Beispiel sagte: Das Dasein dieses Steines erklärt sich dadurch, dass ihn jemand dahin gelegt hat. Jeder würde antworten: Danach habe ich doch gar nicht gefragt. So ist es auch bei der immer neuen Rückfrage nach der Quelle der Bewegung. Wenn ich immer nur noch einmal zurückfrage, habe ich dadurch noch keine Antwort, und ich werde, wenn dann eine Auskunft kommt, wiederum sagen: Danach habe ich doch gar nicht gefragt. Ich will nicht wissen, wo die jeweils nächste Quelle der Bewegung ist, sondern woher überhaupt Bewegung in das ganze Geflecht kommt, wie unabsehbar es auch sein mag.

Weil also die vielfältig voneinander abfolgenden Bewegungsabläufe, die durch unsere Erfahrung feststehen, gebieterisch eine Erklärung verlangen, die nicht in ihnen selbst gefunden werden kann, muss auf eine erste Bewegungsquelle geschlossen werden, oder wir könnten die fraglichen Bewegungszusammenhänge nur noch beschreiben, aber in keiner Weise mehr erklären. Diese erste und oberste, keine weitere Rückfrage mehr zulassende Bewegungsquelle aber erfüllt zu ihrem Teil das, was der biblisch-christliche Glaube meint, wenn er Gott als Schöpfer und Erhalter der Welt bekennt. So schließt denn auch Thomas von Aquin seinen Überlegungsgang mit den Worten: »Und das verstehen alle unter ›Gott‹«. Kann man also nicht doch auf diese Weise einen Beweis für die Wirklichkeit Gottes führen, zumindest für die Wirklichkeit Gottes als Schöpfer und Lenker der Welt?

Wieweit bringt es ein Gottesbeweis?

Millionen von Christen und Tausende von Theologen haben seit der Zeit, da Thomas von Aquin diese und weitere Überlegungen solcher Art aufschrieb, sich davon überzeugt und in ihrem Glauben gestärkt gefühlt. Und sie haben nicht einsehen können, wie ein logisch denkender Mensch sich davon *nicht* überzeugen könne. Wenn wir dennoch die Skepsis heutiger Philosophen und auch vieler gläubiger Christen gegenüber dem Gottesbeweis verstehen wollen, müssen wir zunächst noch dreierlei zum genaueren Verständnis beherzigen.

1. Wir müssen genau erfassen, dass diese »erste« Quelle aller Bewegung von völlig anderer Art ist als die anderen Glieder der Kette. Das folgt schon aus der logischen Überlegung, dass dieser »erste Beweger« ja die auszeichnende Eigentümlichkeit hat, die Rückfrage, wer oder was denn ihn in Bewegung versetzt habe, erst gar nicht mehr nötig zu machen. Der erste »unbewegte Beweger« im Sinne des Aristoteles und des Thomas ist nicht etwa wie der erste Apfel, auf den sämtliche Apfelbäume der Welt letztlich zurückgehen. Er ist vielmehr jene Wirklichkeit, der eben auch jener erste Apfel sein Dasein und seine Fähigkeit verdankt, weitere Apfelbäume entstehen zu lassen, und jene Wirklichkeit kann nicht selber wieder ein Apfel sein, weil sich dann die Frage von Neuem stellen würde. Merken wir, wie wir auf diese Weise mit der Schlussfolgerung auf einen ersten unbewegten Beweger in den Bereich des Unvorstellbaren geraten? Denn vorstellen können wir uns ja nur, was wir selber wahrnehmen können, und wahrnehmen können wir nur solche Beweger, die selbst wieder bewegt (worden) sind. Ist es aber unserer Vernunft aus reinen Gründen der Logik möglich und erlaubt, Feststellungen jenseits des Bereichs unserer Wahrnehmung und Erfahrung zu treffen?

2. »Bewegung« ist in unserem Zusammenhang nur eine Art Sammelwort, mit dem wir alle wirklichen und noch denkbaren Veränderungsvorgänge in unserer Welt zusammenfassen – Vorgänge, die oft gar nicht miteinander vergleichbar sind und deren Zusammenhang wir oft gar nicht durchschauen. Zu den »Bewegungen« gehören ja nicht nur Veränderungen in der äußeren Natur um uns, sondern zum Beispiel auch Veränderungen in unseren Gedanken, unsere freien Entscheidungen sowie die Folgen, die sich daraus wieder ergeben, kurz: schlechthin alles Geschehen in dieser Welt. Müsste oder dürfte ich auch nur ein einziges Geschehen ausnehmen, dann würde sich der ganze Rattenschwanz von Fragen erneut stellen – und übrigens, wie jeder leicht sehen kann, zum gleichen Ergebnis führen.

Damit taucht aber eine gewichtige neue Schwierigkeit auf: Wie soll man sich denn den »Bewegungseinfluss« des »ersten Bewegers« auf unsere freien Entscheidungen vorstellen? Sind es am Ende überhaupt noch wir, die denken und frei entscheiden, wenn alles vom Einfluss des ersten Bewegers abhängt? Wenn wir hier nicht in abenteuerliche Schlussfolgerungen geraten wollen, die kaum ein Mensch ernsthaft für sich annehmen wird – zum Beispiel die Folgerung, wir seien im Grunde gar nicht frei (was allerdings heute manche Hirnforscher behaupten!) –, dann müssen wir den Bewegungseinfluss, der alles menschliche Denken, Wollen und Handeln trägt, uns so geheimnisvoll vorstellen, dass wir ihn gar *nicht* mehr beschreiben, ihn uns also eigentlich nicht mehr vorstellen können. Wieder stellt sich die Frage: Führt uns die logisch schlussfolgernde Vernunft hier nicht auf ein Glatteis, von dem wir gar nicht mehr auf den sicheren Boden der Wirklichkeit zurückfinden, wenn wir uns erst einmal darauf gewagt haben?

3. So ergibt sich also: Der »Gottesbeweis« führt uns, wenn wir genau hinsehen, zu einem unvorstellbaren Ergebnis. Es ist, wie wenn wir von der engsten Stelle her durch einen Trichter schauen: Bis zu einem bestimmten Punkt führt uns der begrenzte Durchmesser des Rohres, danach ist alles offene Weite, bei der wir die auseinandergehenden Wände des Trichters nur noch mutmaßen, aber nicht mehr wahrnehmen und daher uns auch nicht vorstellen können. Einen gläubigen Christen wird ein solches Ergebnis vielleicht nicht befremden, einem allein auf seine Vernunft sich verlassenden Philosophen aber kann es unüberwindliche Schwierigkeiten bereiten. Ist ein *unvorstellbares* Ergebnis nicht auch ein un-*denkbares* Ergebnis? Darum hängt der ganze »Erfolg« des Gottesbeweises nun von der Antwort auf die Frage ab: Was leistet eigentlich unsere Vernunft? Haben wir, wenn wir schlussfolgernd den Bereich des Wahrnehmbaren und Vorstellbaren verlassen, wirklich Realität erfasst, oder haben wir nicht nur Gesetze der Logik, nach denen unsere Vernunft sonst arbeitet, weiter angewandt, ohne sicher sein zu können, dass die logische Verfahrensweise der Vernunft auch immer zur Wirklichkeit führt?

So lautet denn auch der einzig ernstzunehmende Einwand heutiger Philosophie gegen den Gottesbeweis: Einen solchen Überschritt in das Reich des Unvorstellbaren, verbunden mit der Gewissheit, dabei Wirklichkeit zu erfassen, leistet unsere Vernunft gerade *nicht.* Sie muss bescheidener sein, sie muss ihre eigenen Grenzen annehmen und anerkennen. »Wovon man nicht reden kann, davon muss man schweigen«, hat der Philosoph Ludwig Wittgenstein (1889–1951) gesagt. Von Gott kann man nicht reden, weil man sich darunter nichts vorstellen kann. Also muss man auf die Frage nach ihm verzichten und erst recht auf so etwas wie einen Gottesbeweis.

Der Gott des christlichen Glaubens?

Aber nun nehmen wir einmal an, der Gottesbeweis hätte vollen Erfolg, alle denkenden Menschen würden sich von ihm überzeugen, alle Einwände, die man gegen ihn erheben könnte, ließen sich widerlegen. Hätten wir dann den Gott bewiesen, von dem der biblische und christliche Glaube redet? Brauchten wir dann den Glauben nicht mehr, um Gott zu erkennen, weil seine Wirklichkeit dann ja als Wahrheit unserer Vernunft feststünde?

Wir müssen noch einmal darauf achten, wie Thomas alle seine Gottesbeweise schließt: »Und das verstehen alle unter Gott«. »Und das nennen alle Gott«. Wer sind die »alle«? Und was hat Thomas hier im Kopf, wenn er das Wort »Gott« gebraucht? Er ist, um diesen Schlusssatz seiner Gottesbeweise zu schreiben, nicht in der ganzen Welt herumgereist, um bei den Menschen aller Kulturkreise eine Art Umfrage zu machen, was sie unter »Gott« verstehen. Vielmehr: Als christlicher Theologe urteilt er hier darüber, dass das Ergebnis der Vernunftbemühung zu seinem Teil mit dem übereinstimmt, was der christliche Glaube von Gott sagt.

»Zu seinem Teil«! Denn wir wissen dann, dass die Welt und alles Geschehen in ihr sich einer überweltlichen Wirklichkeit verdankt. Aber wissen wir damit auch schon, dass dieser »erste unbewegte Beweger« uns liebt, Gemeinschaft mit uns will, unsere Schuld vergibt, unser Leben lenkt? Wissen wir, ob wir mit ihm reden können, ob er zu uns reden kann, ob er Person ist oder doch nur eine namenlose Kraft? Wissen wir, ob und wie er in unsere menschliche Geschichte eingetreten ist? Der ganze Gottesbeweis, wie wir ihn im Anschluss an Thomas von Aquin vorgeführt haben, ist im Wesentlichen schon von den griechischen Philosophen vor Christus formuliert worden, und nie ist einer von ihnen auf den Gedanken gekommen, die Anschlussfragen, die wir gerade gestellt haben, mit ja zu beantworten. Uns Christen aber erscheinen doch gerade diese Antworten, die ein Gottesbeweis noch nicht zu geben vermag, als das Eigentliche und Wichtige, was wir im Glauben von Gott sagen dürfen, ja sagen müssen, wenn wir wirklich von *Gott* reden wollen.

Daraus müssen wir unvermeidlich eine Schlussfolgerung ziehen: Der Gott, von dem unser *Glaube* redet, der Gott, der mit uns ist, uns liebt und uns zu ewiger Freude führen will, lässt sich mit keinem Vernunftverfahren beweisen. Beweisen lässt sich nur, dass die Wirklichkeit, die wir erfahren, die Welt, die wir wahrnehmen, ihren Grund nicht in sich selbst hat, sondern in einer Wirklichkeit, die selbst nicht mehr Teil dieser Welt ist, vielmehr ihr überlegen ist.

Und auch dieser Beweis ist schlüssig nur sozusagen für intellektuelle Optimisten, die der schlussfolgernden und stets weiterfragenden Vernunft mehr zutrauen, als viele heutige kritische Geister ihr glauben zutrauen zu können. Man muss nämlich noch lange kein oberflächlicher Materialist sein, wenn man der Auffassung ist, unsere Vernunft könne nicht über den Bereich unserer Weltwirklichkeit hinausführen. Der Materialist sagt: Es gibt überhaupt keine Wirklichkeit jenseits der greifbaren Weltwirklichkeit. Der Skeptiker sagt: Es mag sie schon geben, es wäre sogar gut, wenn es sie gäbe, aber bescheide dich dabei, dass du sie nicht erkennen kannst.

Wozu Gottesbeweise?

Unter diesen Umständen fragt man sich, warum man in der Vergangenheit soviel geistige Mühe an den Gottesbeweis verwandt, warum sich sogar zwei Konzilien der Kirche für ihn stark gemacht haben. Trotzdem können wir das leicht verstehen, wenn wir Folgendes beachten. Ursprünglich – zum Beispiel bei dem schon öfter erwähnten Thomas von Aquin – haben die Gottesbeweise gar nicht die Aufgabe, zuerst und im Voraus zum Glauben die Wirklichkeit Gottes sicherzustellen, damit anschließend der Glaube gewissermaßen festen Boden unter den Füßen habe. Vielmehr fällt es auf, dass die Gottesbeweise nicht am Anfang, sondern innerhalb der Glaubenslehre von Gott an einer bestimmten

Stelle auftauchen. Die Theologen beabsichtigen damit zweierlei. Einmal wollen sie gewissermaßen die äußersten Möglichkeiten der menschlichen Vernunft ausloten, wieweit auch sie etwas von der Wirklichkeit ahnen kann, über die der Glaube Gewissheit verschafft. Wir sahen: Das Ergebnis ist bescheiden genug – aber was ein richtiger Theologe ist, der freut sich auch über jede kleinste Ahnung der Wirklichkeit Gottes, die der menschlichen Vernunft vergönnt ist, auch wenn er weiß, dass sie nur ein Schatten dessen ist, was Gott selbst in seiner Liebe den Menschen von sich gezeigt hat. Die andere Bedeutung des Gottesbeweises besteht darin, gewissermaßen in einem ersten Schritt zu beschreiben, was denn das Wesen Gottes ist, beziehungsweise wie Gott sich zu seiner Schöpfung verhält. Ergebnis: Man kann das Wesen Gottes nicht beschreiben, weil er gerade nicht Teil jenes Weltzusammenhanges ist, den wir beschreiben können.

Auf eine kurze Formel gebracht: Die Gottesbeweise dienen innerhalb der entfalteten Glaubenslehre von Gott dazu, *die menschliche Verantwortbarkeit des Gottesglaubens* darzutun. Wenn wir also sagen: Ich glaube an Gott, dann sagen wir nichts Absurdes, sondern etwas, was auch die Vernunft bis an bestimmte Grenzen schon einsehen oder zumindest ahnen kann. Mit anderen Worten: Unser Gottesglaube ist gewiss über alle Vernunft hinaus, aber er ist nicht widervernünftig, er ist nicht absurd. Der Satz »Ich glaube, weil es absurd ist«, ist kein Satz des christlichen Glaubens.

Nun können wir vielleicht auch verstehen, weshalb wir heute den Gottesbeweisen nicht nur skeptisch gegenüberstehen, sondern auch nicht mehr so sehr an ihnen interessiert sind wie zum Beispiel die Theologen des Mittelalters. Um die »Vernünftigkeit« und menschliche Würde des Glaubens aufzuzeigen, gehen wir heute vielleicht andere Wege. Wo die Alten gewissermaßen in die Welt und auf den Sternenhimmel schauten, um die Wirklichkeit Gottes zu ahnen, da schauen wir heute eher in die Geschichte, das heißt: in das Zusammenleben der Menschen in Vergangenheit, Gegenwart und in die Zukunft hinein. Wir erleben so viel Rätsel, soviel Sinnlosigkeit, soviel unnötiges Leiden, soviel unverständliche Schicksale und müssten eigentlich zu dem Schluss kommen, dass menschliches Leben allerdings absurd ist, eine Ansammlung von Unsinn, die sich nicht lohnt. Wir erleben gleicherweise auch – je nach Stimmungslage mehr oder weniger – so viel große Taten des Menschen, soviel Zeichen der Hoffnung, soviel echten Fortschritt, soviel echtes Gelingen – die hellen Rätsel des Menschseins. Und wenn wir kein ledernes Gemüt haben, wenn wir sensibel genug sind, wird uns immer wieder einleuchten, wie wenig das alles selbstverständlich ist, wie sehr das, wenn wir genau zuschauen, zuletzt alles Geschenk ist. Wenn in solche Erfahrungen hinein der biblische Glaube uns von Gott kündet, der unser unzerstörbares Glück will und am Ende alle Sinnlosigkeit in unendliche Freude verwandelt, sollten dann unsere traurigen und glücklichen Erfahrungen mit der Welt nicht auch ein Argument für die »Vernünftigkeit« des Glaubens sein können? Weiter als bis zu solch einer Einsicht in das seltsame »Zusammenstimmen« unserer Welterfahrung mit der Botschaft des Glaubens hat es auch der alte »Gottesbeweis« nicht gebracht.

So lautet also die Antwort auf die Frage dieses Kapitels: Wir können den Gott, von dem der Glaube redet, nicht so beweisen, wie der Glaube entscheidend von ihm redet. Aber wir können, mit oder ohne Gottesbeweis, vieles sagen, was uns zeigt: Glaubende sind ganz vernünftige Menschen.

5. Kapitel

Kann jemand zugleich Atheist und Christ sein?

Noch vor 50 Jahren hätte jeder vernünftige Mensch die Frage dieses Kapitels als höheren Blödsinn abgetan. Aber seit Ernst Bloch, der bekannte marxistische Philosoph († 1977), 1968 sein Buch mit dem Titel »Atheismus im Christentum« veröffentlichte, und seit im gleichen Jahr die evangelische Theologin Dorothee Sölle († 2003) ihr kleines Buch »Atheistisch an Gott glauben« erscheinen ließ, machen sich ernsthafte Geister, darunter auch Christen, ernsthafte Gedanken darüber, ob Atheismus und wahrer christlicher Glaube nicht doch vereinbar seien, ja sogar notwendig zusammengehören.

Wir tun gut daran, uns hier von noch so viel Geistesglanz nicht blenden zu lassen. Denn eines muss sofort Verdacht erregen: Es wäre sehr »schick«, wenn man tatsächlich zugleich Atheist und Christ sein könnte. Kein Zweifel, unser heutiges Leben in der Welt ist nicht mehr wie in früheren Jahrhunderten religiös durchtränkt. Gott ist nicht mehr die selbstverständliche, alles bestimmende Realität. Mit einem Wort, unser Leben und damit auch unser spontanes Lebensgefühl sind »atheistisch«, gottlos im schlichten und strengen Sinn des Wortes. Auch wir Christen spüren das daran, dass wir dieser atheistischen Luft, die wir tagtäglich einatmen, unseren Glauben oft regelrecht abringen müssen. Wenn nun dieses atheistische Lebensgefühl auch noch voll im Recht wäre und darum mitentscheiden dürfte, was als »christlich« zu gelten hat, dann wäre das ja äußerst bequem. Wir könnten mit Genuss moderne Menschen sein, und der christliche Glaube täte uns nicht mehr weh, ohne dass uns einer nachsagen dürfte, wir hätten ihn längst verloren. Solch eine Ehe zwischen Glaubensverständnis und Zeitgeist ist noch immer nach kurzer Zeit an ihrer eigenen Unmöglichkeit gescheitert. Die Frage muss also erlaubt sein, ob der glitzernde Gedanke von Ernst Bloch nicht auf eine Falschmünzerei mit Worten hinausläuft. Sollte er dennoch etwas Richtiges und Bedenkenswertes sagen, dann müsste man es auch anders ausdrücken können. Schauen wir also zu.

Was heißt »Atheismus«?

Das Zweite Vatikanische Konzil hat klargestellt, dass die Kirche in der zunehmenden Ausbreitung des Atheismus in unserer Zeit den Hauptgegner und die Hauptgefahr für den christlichen Glauben sieht. Im Unterschied zu anderen Konzilien hat sich das Zweite Vatikanische Konzil aber nicht darauf beschränkt, den Atheismus lediglich zu verurteilen, es hat sich vielmehr – und zwar in der Konstitution über die Kirche in der Welt von heute, Nr. 19–21 – darum bemüht, »die Geister zu unterscheiden« und sich sogar gefragt, wie man mit dem Atheismus und den Atheisten in ein ehrliches und selbstkritisches Gespräch kommen könne. Erste Voraussetzung dazu ist, die vielfältigen Formen und Beweggründe des heutigen Atheismus auseinanderzuhalten. Das Konzil hat sich dieser Mühe unterzogen. Ich will den langen Text hier nicht zitieren, sondern ihn sogleich zusammenfassend erläutern.

Atheismus heißt Gottlosigkeit. Eine erste Form des Atheismus ist daher überall dort gegeben, wo das menschliche Denken gar nicht auf Gott stößt und auch gar nicht auf Gott stoßen muss. Dies ist zum Beispiel überall in den Naturwissenschaften der Fall, wo man die Gesetzmäßigkeit in den Abläufen des Naturgeschehens untersucht (oder auch ihre unerklärliche Regellosigkeit feststellt) und dabei ganz selbstverständlich davon ausgeht, dass hier natürliche, innerweltliche Ursachen am Werk sind und Gott in diesem Ursachgefüge nicht »vorkommt«. Sollte sich dem Naturwissenschaftler dennoch unabweisbar eine Frage nach Gott stellen, so hätte er den Gegenstand seiner Wissenschaft bereits überschritten. Aus Gründen ihrer Methode, die sich auf die Erhellung innerweltlicher Ursachzusammenhänge beschränkt, sind die Naturwissenschaften und die ihnen verwandten anderen Wissenschaften buchstäblich »gottlos«. Man kann daher von einem *methodischen Atheismus* sprechen – aber hier wie auch im Folgenden kommt es nicht auf den Namen an, sondern darauf, die Sache zu verstehen.

An sich ist uns dieser methodische Atheismus ganz selbstverständlich. Man muss ihn nur deshalb erwähnen, weil es noch nicht so lange her ist, dass in diesem Punkt Klarheit herrscht. Die Kirche und die christliche Theologie haben sich anfangs sehr schwer getan, die Naturwissenschaften rückhaltlos anzuerkennen, weil sie immer fürchteten, der methodische Atheismus schlage rasch und notwendig in eine wirkliche Leugnung Gottes um. Man braucht nur an die Namen Galilei und Kopernikus zu erinnern: Weil ihre naturwissenschaftlichen Theorien bestimmten Aussagen der Bibel widersprachen, hielt man sie für Irrlehrer. Umgekehrt haben noch im vergangenen Jahrhundert christliche Naturwissenschaftler bei bestimmten natürlichen Erscheinungen, zum Beispiel bei den Zufällen des radioaktiven Zerfalls, unmittelbar Gott in seiner Freiheit am Werk gesehen.

Eine andere Form des Atheismus kann sich daraus ergeben, dass Menschen, verführt von dem überreichen Konsumangebot unserer Zivilisation, »keine Erfahrung der religiösen Unruhe zu machen scheinen und keinen Anlass sehen, warum sie sich um Religion kümmern sollten«, wie das Konzil sagt. Nicht einmal die Anstrengung einer theoretischen Leugnung Gottes und die gedankliche Auseinandersetzung mit dem Gottesglauben sind ihnen der Mühe wert. Hier kann man von *praktischem Atheismus* sprechen, der in der Tat ein typisches Kennzeichen der Menschen in den übersättigten westlichen Industrienationen ist.

Eine dritte Form des Atheismus könnte man als *erkenntniskritischen* oder auch *skeptischen Atheismus* bezeichnen. Hier zweifeln Menschen daran, ob es jenseits dessen, was die Naturwissenschaften mit ihren Methoden zu erfassen vermögen, noch irgendeine Wirklichkeit gibt, über die wir Aussagen machen könnten. Hier bezweifelt man überdies, dass es für den Menschen eine absolute und als solche auch erkennbare Wahrheit gibt. Wo aber die naturwissenschaftlichen Forschungsmethoden die Grenzen der Wirklichkeit abstecken, und wo von absoluter Wahrheit die Rede nicht sein kann, da erledigt sich die Gottesfrage von selbst. Oder genauer: Sie wird eine Sache rein persönlicher Wertung, über die man sich nicht streiten kann, wie man ja auch nicht darüber streiten kann, ob man lieber die Musik von Johann Sebastian Bach oder von Ludwig van Beethoven hört. Wer also an Gott glaubt, ist in seiner subjektiven Überzeugung solchen Atheisten aller Ehre wert, aber mit Argumenten über ihren Glauben reden – das ist sinnlos.

Eine vierte Spielart des Atheismus heftet sich nicht so sehr an säuberliche theoretische Lehren von Gott, sondern an deren konkrete Erscheinungsformen. Man beobachtet die verschiedenen, höchst menschlichen und manchmal allzumenschlichen Vorstellungen von Gott, die zudem meist eine getreue Spiegelung und Bestätigung der Interessen und Wünsche der Menschen hergaben. Man stellt fest, dass Menschen durch ihre Gottesvorstellungen und besonders durch die damit verbundenen Schuldgefühle seelisch und oft auch körperlich krank geworden sind. Man entdeckt, dass bestimmte Gottesvorstellungen nicht nur kulturelle Hochleistungen, sondern auch fürchterliche menschliche Verirrungen heraufgeführt haben. Die Reaktion ist *ein religionskritischer Atheismus.* Aus vielen Tatsachen der Religionsgeschichte einschließlich der Geschichte der christlichen Kirche zieht man den Schluss, dass Gottesglaube und Gottesverehrung nicht zum Segen und Heil, sondern zum Fluch und Unheil der Menschheit beigetragen haben. Nur in der Absage an diesen »Gott« liegt nach Meinung dieser Atheisten die Chance, dass das Leben des Menschen menschlich und heil werde.

Auf der Linie dieses religionskritischen Atheismus liegt auch der *gesellschaftskritische Atheismus des Marxismus.* Man denkt hier: Der Gottesglaube und die Religion (und die Kirche) behindern überfällige soziale und politische Veränderungen zugunsten derer, die nichts besitzen und nichts verkaufen können als ihre Arbeitskraft. Wohlgemerkt: Religion behindert *auf beiden Seiten* die Veränderung; die Arbeitenden und ihre Arbeitskraft Verkaufenden trösten sich in der Hoffnung auf ein besseres Leben bei Gott über das Elend ihrer Lage hinweg und kommen nicht auf die Idee, gemeinsam etwas dagegen zu unternehmen; und die Besitzenden und Arbeitgeber sind froh darüber, dass auf diese Weise Ruhe unter den Arbeitenden herrscht. Dies genau ist der Sinn des bekannten Wortes von Karl Marx: »Religion ist Opium des Volkes«. Wenn es darum besser werden soll in der Gesellschaft, wenn Gleichheit aller Menschen nicht nur ein schönes Wort bleiben, wenn die krassen Unterschiede zwischen den menschlichen Schicksalen abgebaut werden sollen, dann muss als Erstes der Gottesglaube aus den Herzen der Menschen gerissen werden. Man kann nicht, so heißt es hier, an Gott glauben und gleichzeitig die verdorbenen Strukturen menschlicher Gesellschaft von Grund auf verändern.

Eine fünfte Form und ein fünfter Beweggrund, Atheist zu sein, ergibt sich aus dem unermesslichen Leiden in dieser Welt. Nicht alles menschliche Leiden geht ja auf menschliche Bosheit zurück, sodass man es überwinden könnte, wenn man sich nur hinlänglich anstrengte. Es gibt daneben so viel anderes sinnloses Leiden, das kein Mensch erklären kann und das offenkundig Menschen ohne ihr Verschulden trifft. Kann aber dann Gott, wenn er existiert, von der Verantwortung für dieses Leiden entlastet werden? Wenn nein, müssten wir dann nicht schließen, dass er ein Tyrann ist, der nach reiner Willkür wie ein Sadist mit seinen Geschöpfen umspringt und dann noch fordert, das müssten sie als »göttliche Fügung« annehmen? Nein, sagt man, wenn Gerechtigkeit eine absolute Forderung ist, dann dürfte gerade Gott nicht von ihr ausgenommen sein. Falls man das doch annehmen müsste, dann wäre es einleuchtender, die Wirklichkeit Gottes zu bestreiten. Denn dann darf man wenigstens das Sinnlose sinnlos nennen und muss nicht versuchen, ihm auf Gedeih und Verderb doch noch einen »tieferen« Sinn und eine »höhere« Gerechtigkeit anzudichten. Kurzum: ein *ethischer Atheismus,* der die Forderung der Gerechtigkeit, um sie absolut verbindlich zu machen, auch an Gott selber richtet und ihn andernfalls nicht als wirklich denken kann.

Eine letzte Form des Atheismus schließlich erklärt ohne Umschweife, dass der Mensch sich selbst das Maß und das Ziel aller Dinge ist. Nur so glaubt man seine unverwechselbare Würde wahren zu können. Insbesondere fragt man hier, wie denn der Mensch ernsthaft frei sein könne, wenn Gott ist und das Leben des Menschen bestimmt. Mag diese Freiheit auch manchmal wie eine Verdammnis erscheinen – so der französische Philosoph Jean Paul Sartre –, so darf sie dem Menschen doch um seiner Würde willen nicht beschnitten oder eingeschränkt werden. Man muss also von einem *humanistischen Atheismus* sprechen. Gott »darf« es nicht geben, wenn der Mensch Mensch sein soll. Gott und Mensch sind »Konkurrenten«, und wo man in früheren, gläubigen Jahrhunderten bedenkenlos diese »Konkurrenz« zugunsten Gottes und auf Kosten des Menschen entschieden hätte, da ist sie heute, im Zeitalter der allumfassenden »Selbstbestimmung« und »Selbstverwirklichung« des Menschen, gleichbedeutend mit der Leugnung Gottes.

Können Christen Atheisten sein?

Wir lenken nun wieder zu unserer Ausgangsfrage zurück und »haken ab«.

1. Selbstverständlich können Christen »methodische« Atheisten sein, sie müssen es sogar. Andernfalls könnte ja kein Christ Naturwissenschaftler sein. Es gibt dafür einen zwingenden Grund, der aus unseren Überlegungen zum Gottesbeweis hervorgeht. Gottes Bewegungsmacht in Bezug auf die Welt – wir könnten auch sagen: seine Schöpfertätigkeit in Bezug auf die Welt – ist nicht selber von weltlicher Art. Sie ist vielmehr der überweltliche *Grund* dafür, dass es die Welt mit ihren Ursach- und Bewegungszusammenhängen gibt. Wäre es dem Naturwissenschaftler tatsächlich möglich, Gott in seinen Experimenten, Berechnungen, Tabellen irgendwo »dingfest« zu machen, als einzukalkulierenden Faktor des Weltablaufs, dann wäre Gott selbst ein Stück Welt, und damit wäre er nicht mehr Gott. Aus diesem Grund muss die Naturwissenschaft und muss der christliche Naturwissenschaftler »methodisch«, also in den Grenzen seiner Wissenschaft, »gottlos« sein.

2. Selbstverständlich darf es der Christenmensch nicht zum »praktischen« Atheismus kommen lassen – im zweiten Teil dieses Buches soll es dazu noch Vorschläge geben, was man dazu tun kann. Es ist aber nicht zu bestreiten, dass Christen heutzutage dem praktischen Atheismus verfallen können. Sie sind dann tatsächlich zugleich Christen und Atheisten. Es fragt sich nur, was dabei von ihrem Christsein noch zu halten ist.

3. Auch dem »erkenntniskritischen« oder »skeptischen« Atheismus sollten wir ein großes Verstehen entgegenbringen. Es ist Tatsache, dass bedeutende Christen in Vergangenheit und Gegenwart als *Wissenschaftler* keine andere Antwort geben zu können meinten als die: Wir können von Gott nichts Gewisses erkennen und sagen; dass sie aber gleichzeitig als *Christen* zutiefst von der Wirklichkeit Gottes und von der Wahrheit ihres Glaubens überzeugt und durchdrungen waren und entsprechend lebten. Wir könnten zwar dann logisch scharf zurückfragen, ob das nicht zu einer gefährlichen Trennung von Glaube und Leben (zu dem ja die wissenschaftliche Arbeit gehört) führen müsse, ja geradezu zu einer Schizophrenie. Doch sollte mit solchen Urteilen zurückhaltend sein, wer nicht in solcher Situation gelebt hat. Es gibt gewiss zahlreiche Naturwissenschaftler, denen ihre Forschung dazu verholfen hat, die Herrlichkeit Gottes in seiner Schöpfung nur noch tiefer zu begreifen. Und es gibt andere, die nicht in der Lage waren und sind, bei ihren Experimenten, Berechnungen und Theoriebildungen an Gott zu denken, die darum den Glauben an Gott und das Leben in der Kirche wie eine fremde Welt empfinden und über diese Spannung ihr Leben lang nicht hinwegkommen. Wir haben darüber nicht zu richten, vor allem, wenn solche Menschen diese Spannung tapfer aushalten, und das heißt: Wir dürfen es für möglich halten, dass jemand auch Christ und zugleich im gekennzeichneten Sinne skeptischer Atheist ist.

4. Auch der religionskritische Atheismus geht mit dem christlichen Glauben zusammen, ja er ist geradezu seine Voraussetzung. Das Konzil sagt: Diese Atheisten »machen sich ein solches Bild von Gott, dass jenes Gebilde, das sie ablehnen, keineswegs der Gott des Evangeliums ist«. Und wenn die Christen mit ihren Vorstellungen und dem entsprechenden Verhalten selbst Anlass dazu geben? Die Folgerung ist eindeutig: Dann müssen die Christen schleunigst im religionskritischen Sinne »Atheisten« werden, damit man nicht länger den christlichen Glauben mit dem nur zu berechtigten Angriffsziel dieses Atheismus verwechselt! Konkret gesagt: Die Christen müssen selber ihre Vorstellungen von Gott immer wieder kritisch überprüfen und reinigen, sie müssen das wahre Wesen von Religion immer wieder deutlich von ihren Fehlformen abgrenzen – und zwar tunlichst, *bevor* eine atheistische Religionskritik sie angreift.

5. Auch von dem gesellschaftskritischen Atheismus marxistischer Prägung wird der Christ sich allerhand zu Herzen nehmen können. Soweit der Gottesglaube der Christen nämlich tatsächlich lähmend wie ein Opium gewirkt hat, besteht die Kritik des Marxismus an der Religion vollauf zu Recht. Der Christ zieht daraus nur andere Schlüsse. Nicht der Gottesglaube ist falsch und ein Hindernis für gesellschaftliche Veränderung, sondern die falschen Konsequenzen, die man daraus fahrlässig gezogen und die richtigen Konsequenzen, die man zu ziehen versäumt hat. Der ganze damalige, nach 1989 abgeklungene »Dialog« zwischen Christen und Marxisten beruht von christlicher Seite aus auf der Voraussetzung, dass der gesellschaftskritische Anstoß des Marxismus grundsätzlich trennbar ist von seinem Atheismus. Christen und Theologen, die sich in diesen schwierigen Dialog einschalten und dabei nicht selten auch zu unbequemen Urteilen über die Kirche in Vergangenheit und Gegenwart kommen, sollten wir deshalb keinesfalls von vornherein verdächtigen, weder theologisch noch politisch. Kirche und christlicher Glaube haben im 19. Jahrhundert, wie die Würzburger Synode der Bistümer in der Bundesrepublik Deutschland (1972–1975) in ihrem Beschluss über »Kirche und Arbeiterschaft« ausdrücklich eingesteht, das Vertrauen der Arbeiter weithin verloren, weil die Kirche die gesellschaftskritischen Konsequenzen des Glaubens zu spät oder gar nicht gezogen hat. Ernsthafte Beobachter fürchten, dass die Kirche heute zum Beispiel in Lateinamerika mancherorts drauf und dran ist, denselben Fehler zu wiederholen, wenn sie es immer noch aus lauter Angst vor dem Kommunismus unterlässt, eindeutig Partei für die Armen zu ergreifen, die sich gegen die politische und gesellschaftliche Übermacht der Reichen nicht wehren können, und eindeutig diejenigen zu unterstützen, die sich mit friedlichen Mitteln für diese Armen einsetzen. Kann denn den vielen »praktischen Atheisten« an den Schalthebeln der Macht etwas Besseres geschehen, als im Namen der Kirche

diejenigen als »Kommunisten« verfolgen zu können, die ihnen gegenüber ihr Recht und ihre menschliche Würde einklagen?

6. Auch beim ethischen Atheismus würde ich sehr für ein »Zugeständnis« eintreten. Zwar krankt er, so wie wir ihn beschrieben haben, an einem Denkfehler. Wenn wir schon von der Unbegreiflichkeit und Andersartigkeit Gottes ausgehen müssen, dann können wir auch nicht unseren sehr begreiflichen Maßstab von Gerechtigkeit anlegen, wenn wir beurteilen wollen, was Gerechtigkeit Gottes heißt. Trotzdem: Um gerade dies sagen zu können, muss man doch erst einmal etwas von dem Unmaß des Leidens in dieser Welt wahrgenommen und empfunden haben! Ist aber dann nicht der einer Ahnung des unbegreiflichen Gottes viel näher, den das Leiden dieser Welt ständig zum Protest treibt, als derjenige, der angesichts des Leidens in der Welt eilfertig seine Theorie von »Gott, dem ganz Anderen« zur Hand hat? Vergessen wir nie: Auch die quälenden Kapitel des Buches Ijob und das Buch Kohelet (Prediger) gehören zur Heiligen Schrift!

7. Einen Gegensatz von letztem Ernst zum christlichen Glauben bildet der humanistische Atheismus. Man kann nicht zugleich Gott und den Menschen, nicht zugleich den Schöpfer und das Geschöpf zum alles bestimmenden Maßstab machen. Der Christ wird deshalb die Stichworte Freiheit, Selbstbestimmung, Selbstverwirklichung nicht als Ideale zurückweisen, aber er wird fragen, ob der humanistische Atheismus sie in einer sachgemäßen, das heißt dem Wesen und der Situation des Menschen gemäßen Weise versteht und zu praktizieren gestattet. Wohin es führt, wenn der Mensch sich voll bewusst zum Maß aller Dinge macht, dazu sind wir ja im vergangenen Jahrhundert nicht ganz ohne Anschauungsunterricht. So gut sind die Menschen nicht, dass wir das ohne Skrupel befürworten könnten. Eine Freiheit, die Gott in Theorie und Praxis als ihre Quelle begreift, wird jedenfalls nie die Würde des Menschen so mit Füßen treten können, wie es der »autonome« Mensch der letzten beiden Jahrhunderte zustande gebracht hat. Nein, in diesem Sinne kann man unmöglich zugleich Christ und Atheist sein.

Gewissenserforschung

Merkwürdig: Wenn wir Bilanz ziehen, dann kann ein Christ anscheinend doch in vielfältiger Form zugleich »Atheist« sein, zumindest reichlich Zugeständnisse machen. Müssen wir also unsere ironischen Bemerkungen am Anfang dieses Kapitels widerrufen? Nein, denn dass die Bilanz so ausfällt, liegt nicht am christlichen Glauben, sondern an dem, was sich »Atheismus« nennt. Unsere Warnung, sich nicht blenden zu lassen und kein begriffliches Falschgeld anzunehmen, bleibt in Kraft.

Echter Atheismus ist doch wohl nur da, wo Gott in Theorie oder Praxis geleugnet und der Mensch an seine Stelle gesetzt wird. Und dies Letztere, der Mensch an der Stelle Gottes, der Mensch als das letzte Maß aller Dinge, ist geradezu das Kennzeichen des echten Atheismus. Hier ist kein Kompromiss mit dem Glauben möglich. Alle anderen »Atheismen« sind nicht Leugnung Gottes, sondern eher Anleitung, die Unbegreiflichkeit Gottes im Auge zu behalten. Sie bedrohen, genau genommen, nicht den Glauben, sondern den Aberglauben. Sie sind, wie ein bedeutender Theologe unserer Tage gesagt hat, ein »reinigendes Gericht« für den christlichen Glauben, das zu vollziehen eigentlich diesem selber wohl anstünde (Walter Kasper).

Aber gerade weil es so ist, weil das Wort »Atheismus« so vieldeutig und geradezu irreführend ist – was hat man dann Klärendes gesagt mit dem Satz: Nur ein Atheist kann ein guter Christ sein, und nur ein Christ kann ein guter Atheist sein? Was Ernst Bloch damit meinte, lässt sich klarstellen – er ist ein redlicher humanistischer Atheist und liest die Bibel als Aufforderung an den Menschen, mutig und in Freiheit seine Zukunft in die Hand zu nehmen – ohne Gott! Was gelegentlich *Christen* sich dabei dachten und womöglich noch denken, wenn sie sich diesen Satz zu eigen machen, bleibt ihr Geheimnis.

Aber auch der echte Atheismus, mit dem der Christ keinen Kompromiss eingehen kann, hat dennoch dem Christen etwas zu sagen. Er ist ihm gleichsam der ständige Gewissensspiegel.

Zunächst in dem Sinne, dass er ihm ständig seine eigene dunkle Möglichkeit vor Augen hält. Eben die Welt, die dem Christen bis hin zum Versuch eines Gottesbeweises Hinweis auf die überweltliche Wirklichkeit Gottes ist, wird ihm auch zur ständigen Versuchung, sich an das zu halten, was er beherrschen kann, und, um darin nicht unsicher zu werden, jede darüber hinausgehende Wirklichkeit zu bestreiten. Eben die Freiheit, die Gott dem Menschen geschenkt hat, kann er auch gegen ihren Schöpfer kehren. Bevor der Atheismus die Gottlosigkeit der anderen ist, ist er unsere eigene dunkle Möglichkeit, die ständige Bedrohung des Glaubens, vor der wir nie sicher sind, weil ihre Quelle in uns selbst ist.

Eine andere Gewissenserforschung hat das Zweite Vatikanische Konzil bei aller Klarheit der Grenzziehung mit großer Ehrlichkeit selber angestellt.

»Denn der Atheismus, allseitig betrachtet, ist nicht eine ursprüngliche und eigenständige Erscheinung; er entsteht vielmehr aus verschiedenen Ursachen, zu denen auch die kritische Reaktion gegen die Religionen, und zwar in einigen Ländern vor allem gegen die christliche Religion, zählt. Deshalb können an dieser Entstehung des Atheismus die Gläubigen einen erheblichen Anteil haben, insofern man sagen muss, dass sie durch Vernachlässigung der Glaubenserziehung, durch missverständliche Darstellung der Lehre oder auch durch die Mängel ihres religiösen, sittlichen und gesellschaftlichen Lebens das wahre Antlitz Gottes und der

Religion eher verhüllen als offenbaren« (Pastoralkonstitution, Art. 19, 3. Abschnitt).

Die Antwort des Glaubens auf den Atheismus kann daher »nur von einer situationsgerechten Darlegung der Lehre und vom integeren Leben der Kirche und ihrer Glieder erwartet werden. Denn es ist Aufgabe der Kirche, Gott den Vater und seinen menschgewordenen Sohn präsent und sozusagen sichtbar zu machen, indem sie sich selbst unter der Führung des Heiligen Geistes unaufhörlich erneuert und läutert; das wird vor allem erreicht durch das Zeugnis eines lebendigen und gereiften Glaubens, der so weit herangebildet ist, dass er die Schwierigkeiten klar zu durchschauen und sie zu überwinden vermag … Dieser Glaube muss seine Fruchtbarkeit bekunden, indem er das gesamte Leben der Gläubigen, auch das profane, durchdringt und sie zu Gerechtigkeit und Liebe, vor allem gegenüber den Armen, bewegt« (ebenda, Art. 21, 5. Abschnitt).

Dem echten Atheisten schuldet der Christ nicht die sich anbiedernde Antwort: »Du hast ja recht!«, und: »Ich möchte so sein wie du!«. Er ist nicht einmal gehalten, die totale Schuld und Verantwortung für seinen Atheismus zu übernehmen – so als ob man einem bewussten Atheisten nicht zutrauen dürfte, durch genaues Hinsehen und Hinhören den wahren Gottesglauben genauso von seinen Fehlformen zu unterscheiden, wie ein Christ zwischen beiden unterscheiden muss. Christen schulden dem Atheisten in Wort und Tat das in der Auseinandersetzung mit ihm geläuterte Zeugnis für die vermenschlichende Kraft des christlichen Glaubens. Dieses Zeugnis werden sie mit Vorzug sogar dort ablegen, wo sie mit dem Atheisten an denselben »humanistischen« Anliegen zusammenarbeiten, deretwegen dieser meint, Gott leugnen zu müssen.

6. Kapitel

Was meint der Satz: »Gott ist tot«?

In einem Fürbittbuch, wie es am Eingang mancher katholischen Kirche ausliegt, damit Gläubige dort ihre Anliegen eintragen und dem Gebet der Gemeinde empfehlen können, las ich einmal folgende »Fürbitte«: »Für alle, die hier das Requiem für den toten Gott feiern.« Das war in den »wilden« 60er-Jahren des vergangenen Jahrhunderts, ungefähr zu derselben Zeit, als man auch anfing, über atheistischen Gottesglauben zu diskutieren. Die schon einmal erwähnte evangelische Theologin Dorothee Sölle, immer höchst sensibel für Zeitströmungen, hatte denn auch um dieselbe Zeit »Ein Kapitel Theologie nach dem Tode Gottes« unter dem Haupttitel »Stellvertretung« veröffentlicht (1965, 5. Aufl. 1968), und eine ganze theologische Richtung begann damals Einfluss zu gewinnen, die sich allen Ernstes »Gott-ist-tot«-Theologie nannte. Heute ist es darum still geworden wie über eine schnelllebige Modeerscheinung. Aber es lohnt sich nach wie vor zu fragen: Was soll man davon halten?

Welcher Gott kann »tot« sein?

Auch hier galt und gilt: sich nicht berauschen lassen von geistvollen, aber vieldeutigen Formulierungen. Wenn ich erst erklären muss, was der Satz »Gott ist tot« besagt und was er *nicht* besagt, dann kann ich mich doch auch gleich klar ausdrücken. Die Sache hat zu tun mit der Frage nach »Atheismus im Christentum«. Darum können wir uns kurz fassen.

Der Satz »Gott ist tot« geht zurück auf den Philosophen Friedrich Nietzsche (1844–1900). Aber den Sinn dieses Satzes bei seinem Urheber und seine Vorgeschichte lassen wir hier beiseite. Sachlich gilt: Ein Gott, der nicht das Leben selbst ist, ist nicht Gott. Daraus folgt: Ein Gott, der sterben kann, ist niemals Gott gewesen. Der Satz »Gott ist tot« kann im Ernst niemals etwas über Gott selbst aussagen, obwohl er seinem Wortlaut nach genau das tut. Er kann in Wahrheit immer nur etwas über unsere Gedanken über Gott und unser Verhältnis zu Gott aussagen. Das kann man übrigens auch schon bei Nietzsche lernen. Denn der Philosoph fährt nach diesem Satz mit den Worten fort: »Wir haben ihn getötet.« Das heißt: Wir sind inzwischen mit unseren eigenen Kräften so weit gekommen, dass wir auf die Idee eines Gottes, der unser Leben in der Hand hält, verzichten können. Vertraute Gedanken!

Aber warum dann damals so viel Aufregung? Wer und was ist »gestorben«? Man kann in der »Gott-ist-tot«-Theologie, etwas vereinfacht, zwei Richtungen unterscheiden. Die eine (vor allem in Deutschland und Europa beheimatete) Richtung sagt: »Tot« sind alle traditionellen *Vorstellungen* über Gott. »Tot« sind alle Gottesbilder, die wir uns im Rahmen philosophischen Nachdenkens gemacht haben. »Tot« sind alle Bilder von Gott, die irgendwie zur Rechtfertigung und gar zur Zementierung der bestehenden und insonderheit der ungerechten Verhältnisse gedient haben. »Tot« ist also der »Gott«, der auf der Seite der Mächtigen steht, Krieg führenden Heeren Sieg verleiht, die Leistung sehen will und überhaupt die Menschen schön geordnet nach »oben« und »unten« an ihren Platz stellt.

Wir brauchen kaum lange zu beweisen, dass solche Gedanken über Gott *mit Recht* »tot« sind. Denn mit dem wahren, mit dem lebendigen Gott hatten sie ja auch schon zu der Zeit nichts oder nur von ferne zu tun, als man sie noch nicht so allgemein bezweifelte wie heute. Wobei allerdings den hochgemuten Kritikern dieser Gottesvorstellungen entgegenzuhalten war und ist, dass man deren Fragwürdigkeit auch in früheren Zeiten weitaus häufiger durchschaut hat, als man heute wahrhaben möchte.

Die andere (vor allem in den USA beheimatete) Richtung der »Gott-ist-tot«-Theologie behauptet, nicht nur unsere überlieferten Gottes*vorstellungen,* sondern die Überzeugung von der Wirklichkeit Gottes überhaupt sei tot. Zwar habe man in der Vergangenheit ehrlich angenommen, eine solche außerweltliche, überweltliche Wirklichkeit Gottes existiere. In Wahrheit aber handelte es sich dabei immer nur um den Inbegriff eines gelungenen mitmenschlichen Lebens in dieser Welt. »Gott«, so sagte man gern, war immer nur, wenn auch unbewusst, eine »Chiffre«, also eine Art verschlüsseltes Wort für »Mitmenschlichkeit«. Heute nun hat man das durchschaut, daher kann man auf die »Chiffre« verzichten und den Sachverhalt bei seinem richtigen Namen nennen. Auch hier ist also nicht ein Gott, der vorher lebendig war, gestorben, sondern eine menschliche Auffassung über Gott.

Gott kann nicht sterben

Wer sich vor der Lektüre dieses Kapitels bereits die Mühe gemacht hat, das vorausgehende Kapitel durchzuarbeiten, der wird nun ohne Anstrengung folgendes erkennen: Die »deutsche« Richtung der »Gott-ist-tot«-Theologie vereinigt in sich gewissermaßen den skeptischen, den religionskritischen und den gesellschaftskritischen Atheismus – und von allen dreien gehen wichtige Anstöße aus, die der Läuterung des christlichen Gottesglaubens dienen. Vor dieser »Theologie« braucht der Glaube keine Angst zu haben, er muss sich höchstens einen Scharfblick für schillernde Formulierungen bewahren, die nicht dadurch besser und klarer werden, dass sie in aller Munde sind. Wenn auf der Linie dieser Theologie im Übrigen mit Nachdruck gesagt wird, Gott – der *lebendige* Gott – begegne uns in den geschundenen Kindern der asiatischen Kriegsschauplätze, in den ausgemergelten Landarbeitern Lateinamerikas, in den Unterdrückten der Diktaturen Schwarzafrikas, in der »Entfremdung« menschlichen Lebens überall auf der Welt, und wenn die Begründung dafür lautet: Gott begegnet uns in der Ohnmachtsgestalt des Kreuzes Jesu Christi – welcher Christ wollte dann widersprechen? Die »amerikanische« Fassung der »Gott-ist-tot«-Theologie läuft, zu Ende gedacht, auf den humanistischen Atheismus zu. Da ist denn nicht zu sehen, wie – abgesehen von der Gewissenserforschung, zu der auch diese Form des Atheismus dem Christen Anlass gibt – hier noch Wahrheit des christlichen Glaubens sein soll. Wenn »Gott« nur noch ein Signalwort für Mitmenschlichkeit ist, dann muss und kann der Mensch offenbar mit sich selbst auskommen. Eine solche Anschauung als »christlich« und gar »theologisch« ausgeben heißt das Christentum auf den Kopf stellen, ist bare Falschmünzerei.

»Dass Gott tot ist, haben die Amerikaner inzwischen längst vergessen!« – erzählte mir ein berühmter deutscher Theologieprofessor nach einer Amerika-Reise bereits Ende der 60er-Jahre des letzten Jahrhunderts. In der Tat, die »Gott-ist-tot«-Theologie hat dort nur einige Jahre Einfluss gehabt, ja man tut kein Unrecht, wenn man sagt: Sie war eine Mode. Sie hat freilich durch die Radikalität ihrer Thesen sehr viel ernsthaftes Nachdenken in Gang gebracht und ist durch den Zwang zur Auseinandersetzung sehr fruchtbar geworden. Dafür muss man ihr denn doch danken.

Auch die »deutsche« Fassung der »Gott-ist-tot«-Theologie hat merklich an Schärfe und Pathos verloren. Das kann man sich nicht zuletzt vor Augen führen, wenn man die späteren Arbeiten von Dorothee Sölle liest (vor allem ihr Buch »Die Hinreise«, 1975, 6. Aufl. 1981). So ist es also an der Zeit, das glänzend vergoldete Metall anregender, aber unklarer Formulierungen umzuwechseln in die unscheinbare Scheidemünze abgegriffener, aber klarer Aussagen und mit dem Titel eines 1970 erschienenen »Gegen-Buches« von Heinz Zahrnt zu sagen: »Gott kann nicht sterben«.

Und anschließend alles zu tun und zu bedenken, was uns die »Gott-ist-tot«-Theologie aller Schattierungen mit Recht ins Gewissen geschrieben hat.

7. Kapitel
Wie sollen wir uns Gott »vorstellen«?

Auf einem mittelalterlichen Bild, das den Aufbau des Weltalls darstellt, so wie man es damals zu kennen glaubte, ist Folgendes zu sehen: in der Mitte ist die Erde als Scheibe gezeichnet. Darunter, buchstäblich unter dem Erdboden, die Unterwelt, die »Hölle«. Um die Erde herum legen sich die Himmelsschalen, die man sich als unsichtbare, aber materielle Kugeln dachte, an denen die Sterne ihre Bahn um die Erde zogen. Die inneren Himmelsschalen tragen übrigens die Namen unserer Planeten: Jupiter, Saturn und so weiter. In den äußeren Himmelsschalen, dachte man sich, war der Ort der Engel, der verklärten Seelen. Jenseits der äußersten Himmelsschale aber, ganz oben am Rand des Bildes, schrieb der Maler hin: »Deus« – »Gott«.

Wo ist Gott?

Es könnte sein, dass ein nachdenklicher Leser, eine nachdenkliche Leserin der/die nicht vergessen hat, was in den vorausgehenden Kapiteln gesagt wurde, sich überlegt, ob es nicht eine sinnlose Frage sei, wie man sich Gott »vorstellen« könne. Steht denn nicht eben dies schon lange fest: Wir können uns Gott *nicht* vorstellen – gerade weil er *Gott* ist? Aber das Bild aus dem Mittelalter gibt uns einen Hinweis, dass diese Frage doch nicht grundlos ist.

Auch die mittelalterlichen Christen, allen voran die Theologen, wussten natürlich genau, dass Gott reiner Geist ist und dass wir ihn daher uns aus Gründen seines Wesens nicht vorstellen können. Denn alle unsere Vorstellungen haften an sichtbaren, greifbaren, also materiellen Dingen. Aber *einen* sozusagen »psychologischen« Vorteil hatten die mittelalterlichen Christen, und zwar aufgrund ihres Weltbildes: Sie hielten das Weltall für eine geschlossene Kugel. Natürlich war der allgegenwärtige Gott für ihr Verständnis an jedem Ort innerhalb des Himmelsschalengefüges. Anderseits konnte man doch *einen* »Ort« benennen, wo jedenfalls nichts mehr anderes war als Gott: jenseits der letzten Himmelsschale. Die Rede vom »überweltlichen«, »jenseitigen« Gott, der Lobpreis: »Ehre sei Gott in der *Höhe*«, hatte einen fassbaren Sinn. Wer, auf der Erde stehend, zum Sternenhimmel emporblickte, durfte sich sachgemäß sagen: »In dieser Richtung« ist Gott. Man konnte sich nicht Gott selbst vorstellen, aber man konnte örtlich die Richtung angeben, wo er und nur noch er war, nämlich »oben«.

Nun ist es kein Geheimnis, dass wir heute das mittelalterliche Weltbild überwunden haben. An die Stelle des geschlossenen Weltalls ist die Erkenntnis getreten, dass der Weltraum nach allen Richtungen unabsehbar offen, dass die Erde nicht sein Mittelpunkt, sondern ein Stäubchen in ihm ist, und die wahren Entfernungen, über die wir immer noch Erkenntnisse hinzugewinnen, sprengen all unsere Vorstellungskraft. Die Folge: Gott ist nicht mehr »oben«. Darum haben wir nun nicht mehr den geringsten Anhaltspunkt, uns irgendetwas von seiner Wirklichkeit »vorzustellen«.

Es ist nun eigenartig, dass diese Erkenntnis, doch schon seit fast einem halben Jahrtausend eine Selbstverständlichkeit, uns bis vor Kurzem kaum beunruhigt hat. Liegt es daran, dass wir trotz des veränderten Weltbildes als Christen mit den alten Gebeten und Glaubensformulierungen groß geworden sind? Liegt es daran, dass die Texte der Bibel, die wir ja nun nicht ändern können, nach wie vor von Gott so sprechen, dass er »vom Himmel her« mit den Menschen redet und handelt? Liegt es daran, dass zahllose religiöse Bilder trotz aller theologischen Vorbehalte uns Gott in der Gestalt eines Menschen, eines weisen, bärtigen alten Mannes darstellen, der zum Beispiel eine Weltkugel auf seiner Hand trägt? Wir sind jedenfalls unbestreitbar mit sehr plastischen Vorstellungen von dem unvorstellbaren Gott aufgewachsen und haben das ganz in Ordnung gefunden, zumal ja die klarstellende Auskunft, dass Gott unsichtbar ist und dass wir uns kein Bild von ihm machen sollen (erstes Gebot, zweiter Teil!), nie gefehlt hat. Dass dabei doch ein Problem entstehen kann, haben wir höchstens schon einmal bei Gelegenheit neugieriger aber eigentlich gar nicht so dummer Kinderfragen gemerkt. »Was macht Gott den ganzen Tag?«, so heißt denn auch treffsicher der Titel eines »Longsellers«, in dem solche Fragen gesammelt und klug beantwortet werden. Aber aus solchen Fragen haben wir uns mehr oder weniger geschickt herausgewunden in der Hoffnung, wenn die Kinder größer würden, dann würden sie es schon richtig lernen.

Erst in jüngster Zeit ist uns diese »schöne« Naivität verlorengegangen. Dafür haben unter anderem gesorgt: die wachsende Verbreitung bestimmter naturwissenschaftlicher, vor allem astronomischer Erkenntnisse, die atheistische Religionskritik, die Einsicht in die oft negativen politischen Wirkungen naiver Gottesbilder und anderes mehr. Jetzt plötzlich sind wir ganz radikal darauf gestoßen: Wir können uns Gott nicht vorstellen, wir dürfen es eigentlich nicht einmal können *wollen.*

Nun ist es aber ein Gesetz menschlichen Erkennens, dass es unweigerlich an Vorstellungen gebunden ist – Vorstellungen von materiellen Dingen. Wir haben nur die Möglichkeit, sie zu prüfen und sie zu kontrollieren, nicht aber, ohne Vorstellungen zu denken. »Begriffe ohne Anschauungen sind leer«, sagt der Philosoph Immanuel Kant. Wenn wir Gott tatsächlich *nur* in exakten, unsere Erfahrungswelt überschreitenden Begriffen *denken,* ihn aber in keiner Weise in »anschaulichen« Vorstellungen uns vor Augen führen könnten – läuft der Glaube dann nicht Gefahr, blind, blass, unwirklich, unmenschlich und darum wirkungslos zu werden?

So ist es kein Wunder, wenn sich die Frage nach der Wirklichkeit Gottes, allen theologischen Vorbehalten zum Trotz, doch mit der Frage nach der Möglichkeit verbindet, uns Gott »irgendwie« vorstellen zu können. Nicht umsonst lautet ja einer der Einwände des Atheismus: Wovon wir nicht reden können (das heißt: was wir uns nicht beschreibbar vorstellen können), davon müssen wir schweigen. So müssen wir also doch den Versuch wagen, als Hilfe für unsere *Gedanken* über Gott auch eine begleitende »Vorstellung« zu entwickeln, schon allein deswegen, damit wir etwa den unkontrolliert in unseren Vorstellungen immer wieder auftauchenden »alten Mann« daraus verdrängen. Dazu möchte ich einen Vorschlag versuchen.

Gott – »Horizont« unseres Lebens

Denken wir uns einmal, wir wandern auf einer Insel und kommen an den Ozean. Wir sehen dann rechts und links andere Stücke der Küste, einen langen Sandstrand hier, einen Felsvorsprung dort, und wir sehen andere Menschen, die auf anderen Wegen an anderer Stelle den Ozean erreichen. Aber vor uns sehen wir, vor sich sehen alle anderen, wo auch immer sie die Küste erreichen, nur die unendliche Weite des Meeres und den unendlichen Himmel darüber. Dieser Himmel mag im Sonnenglanz tiefblau erstrahlen und sich in eigentümlicher Verfärbung im Wasser spiegeln, oder eine drohende Wetterfront mag das Meer zum grauen Ungeheuer machen: Es ist immer derselbe Ozean und derselbe Himmel. Und selbst wenn wir die ganze Küste abschreiten, wir kommen auf unserer Insel wieder an derselben Stelle an, und vor uns haben wir immer nur dieselbe unendliche Weite gehabt. Wer einmal an der Küste zum offenen Meer gestanden ist, weiß, wie dann alle Erkenntnisse aus der Erdkunde versinken können und der Eindruck sich aufdrängt: Geht die Welt eigentlich noch weiter? Es ist wie ein Rätsel, dass sie noch weitergehen soll, und die Schiffe, die wir lautlos kommen sehen, erscheinen unserem Gefühl wie Wesen aus einer anderen Welt.

Der Horizont, auf den unser Leben in jeder Richtung zugeht und der doch immer derselbe bleibt – kann das nicht ein Bild und damit eine Vorstellungshilfe für Gott sein?

Wem das fremdartig vorkommt, sollte einmal bedenken, welche Vorzüge dieses Bild hat. Denn es fasst eine Reihe von »Eigenschaften« Gottes zusammen, die der Glaube für ganz wesentlich hält.

Treffend ist zum Beispiel veranschaulicht, wie Gott unser ganzes Leben umfängt, ohne etwas auszulassen. Wie man dem Horizont nicht weglaufen kann, so auch nicht Gott. Und wie der weite Horizont die Insel gleichsam einrahmt, so ist unser Leben in der grenzenlosen Güte Gottes geborgen.

Ebenso wird Gottes Unendlichkeit in dem Bild sprechend verdeutlicht. Selbst wenn wir das Ufer verlassen und aufs Meer hinausfahren, der Horizont ist immer bergend und allumfassend da und zugleich immer weit weg.

Damit ist zugleich eine wichtige andere »Eigenschaft« Gottes versinnbildet: Der Horizont ist nie zu fassen, er entzieht sich uns fortlaufend, so wie auch Gott, wie deutlich wir ihn auch immer zu erkennen vermögen, sich unserem Zugriff, ganz wörtlich unserem »Begreifen« immer entzieht.

Auch leuchtet in diesem Bild auf, dass Gott kein »Gegenstand« ist, weder für unser Erkennen, noch für unser Tun. Der Horizont ist kein »Ding«, sondern ein lichtvoller oder auch dunkler, rätselhafter Hintergrund, gegen den sich Dinge, Gegenstände abheben. Genau genommen können wir ohne Horizont gar keine Gegenstände erkennen. Wenn die Nacht den Horizont finster macht, müssen wir durch Lichtstrahlen gewissermaßen einen künstlichen Horizont schaffen, um wieder Gegenstände erkennen zu können. So ist auch Gott kein Ding, aber seine erhellende Wirklichkeit gibt den Dingen gewissermaßen Licht und Kontur, erlöst sie für unser Begreifen aus dumpfer Unverständlichkeit. Haben wir schon einmal bedacht, welchen tiefen Sinn hier die uns geläufige Formulierung gewinnt: »Wir sehen dies und das, wir sehen alles im Lichte Gottes«?

Eine wichtige Frage des Glaubens ist ferner immer wieder jene Frage, die bei unseren Überlegungen zum Atheismus schon einmal angeklungen ist: Wie kann der Mensch frei sein, wenn Gott alles bestimmt, und wie kann Gott umgekehrt alles Geschehen lenken, wenn der Mensch frei ist? Unser Bild von Gott als »Horizont« kann dieses Problem selbstverständlich nicht gedanklich lösen, aber es kann wiederum die Richtung veranschaulichen, die jeder Versuch einer Lösung einzuhalten hat. Dem Horizont können wir nicht entkommen, sagten wir schon. Wir gehen immer auf ihn zu, er ist stets das Ziel unseres Weges. Und doch bestimmen wir die Richtung, in die wir gehen, wir entscheiden, an welcher Stelle wir das Ufer erreichen wollen, an welcher Stelle wir ein Schiff besteigen wollen, um aufs Meer hinauszufahren, gleichsam noch näher an den Horizont heran. Der Horizont bestimmt alle unsere Wege, sogar unsere Irrwege. Und doch zwingt er uns keinen Weg auf. Verführen, nötigen könnte uns höchstens ein einzelnes Irrlicht – das aber ist gerade nicht grenzenlos wie der Horizont. Das könnte ein Bild sein, wie wir uns denken können, dass Gottes alles bestimmende Wirklichkeit unsere Freiheit nicht beschränkt, sondern gerade begründet und öffnet.

Kann man zu einem Horizont »Du« sagen?

Der Hauptvorzug unseres Bildes aber dürfte dieser sein: Es ist zugleich ein Bild unserer *Frage* nach Gott. Die Richtung, in der sich unsere menschlichen Fragen nach Gott bewegen, und die Richtung, in der wir uns eine Vorstellung von der unvorstellbaren Wirklichkeit Gottes machen können, sind ein und dieselbe Richtung. Denn aus welcher Richtung wir unser Leben betrachten, und in welche Richtung wir seine Zukunft gehen sehen, immer stoßen wir auf Rätsel, die für das menschliche Leben typisch sind und die zusammengenommen nur das eine Grundrätsel unseres Lebens bilden. Es sind helle Rätsel und drohend-dunkle Rätsel – so wie der Horizont leuchtend hell und finster von Gewitterwolken sein kann.

Es gibt auf der Welt und in unserem Leben Dinge, die uns überwältigen, sodass wir nur noch hingerissen staunen können. Die Schönheiten der Natur ebenso wie die Werke des Menschen. Das Hochgebirge und die technisch vollendete Schnellzuglokomotive. Die Ähre auf dem Feld und die Sinfonie, gespielt von einem Spitzenorchester. Das Meer und die schier unbegreifliche elektronische Rechenanlage. Die liebliche, beruhigende Landschaft und die elegant gelungene Konstruktion einer Brücke. Warum staunen wir hier? Weil sich all dies nicht von selbst versteht und weil sich seine Bedeutung auch nicht darin erschöpft, dass es mancherlei Nutzen für uns hat. Es steckt etwas Größeres dahinter, wenn es Dinge gibt, von denen wir hingerissen sind, und wenn den Menschen große Dinge gelingen können. Denn offenbar haben nicht wir alles gemacht, und nicht wir haben uns selbst die Kraft gegeben, große Dinge zuwege zu bringen. Wohin wir auch blicken, wir stehen vor einer Weite, in der unser Auge keinen Haftpunkt mehr findet. Wie genau wir auch fragen, wir finden keine handgreifliche Antwort, wie wir sie sonst bei unseren Fragen gewohnt sind. Wir stehen vor einem Geheimnis.

Aber es gibt auch die dunklen Rätsel unseres Lebens, Fragen, wo die ausbleibende Antwort uns förmlich bedroht. Weshalb lebe ich eigentlich? Kann ich mich freuen, dass ich lebe, oder habe ich nicht Anlass, das Leben zu verwünschen? Warum gibt es so viel Hass in der Welt, wo doch mit Händen zu greifen ist, dass alles gut sein könnte, wenn die Menschen gerecht wären und einander liebten? Ist der Tod das Ende von allem, oder dürfen wir über den Tod hinaus etwas ganz gewiss erhoffen? Solche Fragen können manchmal wie eine drohende Gewitterwand sein, der wir fliehend den Rücken zukehren, damit wir sie nicht sehen und sie uns nicht einholt.

Mit den hellen Rätseln haben die dunklen dies gemein, dass auch sie uns vor ein Geheimnis führen. Wir haben ja nur anschaulich und konkret das beschrieben, was, in scharfe Begriffe gefasst, auch der Ausgangspunkt des »Gottesbeweises« ist. Endgültig aber lehrt uns der Glaube, die Rätsel, das *eine* uns von allen Seiten umgebende Grundrätsel, als Spur eines Geheimnisses zu lesen, das uns nicht verwirrt, sondern Hoffnung gibt, uns nicht bedroht, sondern rettet, uns nicht in die Flucht treibt, sondern anzieht.

Man kann also die Gottesfrage, die das menschliche Leben selbst ist, so veranschaulichen, dass wir gleichsam in alle möglichen Richtungen auf einer Insel wandern und immer wieder an der grenzenlosen Weite des Horizontes ankommen, der, je nachdem, einmal hell und einmal finster ist. Wenn wir diese Frage im Glauben beantworten, dann ist es, wie wenn wir gleichsam den Küstenrand überschreiten, bloßen Fußes und ohne ein dinghaftes Ziel zu sehen, auf das Wasser hinausgehen und – merken, dass wir *nicht* einsinken. Wenn es so ist, kann es dann so unsinnig sein, die grenzenlose Offenheit der Fragen, die grenzenlose Weite des Horizontes selber als ein Sinnbild der Antwort zu verstehen, die uns gegeben wird? Kommt so nicht treffend zum Ausdruck, dass Gott die allumfassende Antwort auf unsere Fragen ist und zugleich eine Antwort, mit der wir nie fertig sind, bei der der Weg des Glaubens nie zu Ende gegangen wird? Freilich, spätestens hier zeigt sich auch die Grenze des Bildes. Kann man zu einem Horizont »Du« sagen? Kann man, ganz deutlich gefragt, zu einem Horizont *beten*? Der Glaube sagt aber genau dies ganz entschieden: Wir dürfen und sollen Gott anreden, es ist uns erlaubt und möglich gemacht, zu Gott zu beten. Das kann uns das Bild vom Horizont in der Tat nicht verdeutlichen. Müssen wir es also doch wieder fallenlassen?

Nur eine Leitvorstellung

Nein, wir müssen das Bild nicht fallenlassen. Zugegeben, es macht gerade an dieser Grenze seiner Treffsicherheit noch einmal auf eine eigentümliche Schwierigkeit aufmerksam, auf die wir im nächsten Kapitel kurz zurückkommen. Aber deswegen müssen wir es noch nicht verabschieden. Und zwar deshalb nicht, weil *jedes* Bild und *jede* Vorstellungshilfe, die wir uns von Gott machen, mehr oder weniger rasch auch an ihre Grenzen stoßen. Das kann gar nicht anders sein, wenn wir, wie eingangs betont, uns letztlich Gott eben *nicht* vorstellen können. Um dann mit unseren Sinnbildern und Vorstellungshilfen nicht in die Irre zu gehen, gibt es nur einen Weg: *mehrere* Bilder machen, und zwar möglichst solche, die einander ausschließen, zumindest in Spannung zueinander stehen. Gerade dann weisen sie in ihrer Gesamtheit uns immer wieder darauf hin, dass es eben *nur* Bilder, *nur* Vorstellungshilfen sind und nicht etwa ein erschöpfender Begriff von der Wirklichkeit, um die es hier geht.

Nun besteht kein Zweifel, dass etwa die Vorstellung von einem weisen alten Mann die Wahrheit, dass wir zu Gott beten dürfen, viel eher veranschaulichen kann als das Bild des Horizontes. Wie ja auch das Bild eines thronenden Königs die immer tätige und alles beherrschende Macht Gottes besser veranschaulicht als das Gleichnis des stillen, manchmal traumhaften Horizontes. Die menschlichen, »vermenschlichten« Bilder Gottes müssen ja keineswegs zu jenem linkischen, schwächlichen »guten alten Mann« führen, wie er in manchen Karikaturen, auch gelegentlich in Erzählungen, Filmen, Theaterstücken und nicht zuletzt in zahllosen kitschigen Bildern auftaucht. Anderseits kann ein solches menschliches Bild von Gott auch im besten Falle grundsätzlich nicht jene Vorzüge haben und jene Eigenschaften Gottes so zum Ausdruck bringen, wie das Bild vom Horizont – man überprüfe das einmal an dem, was wir oben genannt haben. Und dies eben deshalb nicht, weil ein Mensch, so souverän wir ihn uns auch denken mögen, immer etwas Begrenztes, Einzelhaftes und darum auch uns Begrenzendes ist.

Man kann also nicht einmal sagen, welches Bild von Gott »besser«, »richtiger« ist. Jedes hat seine Vorzüge, jedes hat seine Grenzen und wird falsch, wenn wir es als das einzig mögliche gelten lassen wollen. Wohl aber kann man fragen, ob nicht ein bestimmtes Bild zu einer bestimmten Zeit und im Blick auf ihre besonderen Probleme besonders hilfreich sein kann. Mit anderen Worten: Man kann fragen, welches Bild denn zu einer bestimmten Zeit eine Art Leitvorstellung hergibt, der sich dann andere Vorstellungsbilder treffend, erklärend, korrigierend zuordnen lassen. Das Bild des weisen alten Mannes – begründet im biblischen Bild des »Vaters« – war nun gewiss zu einer Zeit eine gute Leitvorstellung, wo, kurz und vereinfacht gesagt, die Welt, die Natur als bedrohlich empfunden wurde. Die Idee eines »Vaters«, der als überlegene personhafte Macht Herr über diese bedrohliche Welt ist, war dann völlig zu Recht die Leitvorstellung von Gott, der dann andere Vorstellungen, die andere »Eigenschaften« Gottes versinnbildeten, zugeordnet wurden. So hat man denn in der Geschichte des Glaubens immer gewusst, dass Gott zugleich weltüberlegen und in der Welt allgegenwärtig ist, aber das Wichtigste war zunächst einmal seine Weltüberlegenheit.

Heute dagegen, wo wir die Welt zwar auch noch als bedrohlich empfinden, gehen wir gleichzeitig ganz selbstverständlich davon aus, dass wir mit den Mitteln von Wissenschaft und Technik diese Bedrohlichkeit immer besser bannen können. Aber heute wissen wir gleichzeitig auch in früher nie gekannter Weise um die unendliche Weite des

Weltalls. Es kommt daher vor allem darauf an, Gott einerseits so grenzenlos wie möglich und gleichzeitig als das überall gegenwärtige Innengeheimnis der Welt zu denken. Beides kommt treffend im Bild des Horizontes zum Ausdruck. Menschliche Bilder von Gott dagegen bringen heute vielleicht schnell die Gefahr mit sich, die Unendlichkeit Gottes auf die Begrenztheit eines Gegenstandes einzuschränken – und dann dürfen wir uns nicht wundern, wenn Gottesglaube und Weltbild in unseren Vorstellungen schlecht zusammenkommen. So ist das Bild des Horizonts als Gleichnis für Gott heute vielleicht eine angemessenere »Leitvorstellung«. Noch einmal: *nur* eine Leitvorstellung. Denn zu unserer dauernden Überraschung und in deutlicher Korrektur dieses Bildes sagt uns der Glaube, dass wir zu diesem »Horizont« unseres Lebens *beten,* »Du« sagen dürfen.

Überdeutlich erscheint diese Korrektur in der Gestalt Jesu Christi. Von ihm sagt das Neue Testament mit aller Entschiedenheit: »Er ist das Bild des unsichtbaren Gottes« (Kol 1,15). Auch davon wird später noch einmal eigens zu reden sein.

8. Kapitel

Können wir Gott »fühlen« und »erleben«?

In dem heute fast vergessenen, seinerzeit aber sehr aufmerksam gelesenen Buch von Stefan Andres, »Reporter Gottes«, erschienen 1953, befragt ein Rundfunkreporter alle möglichen Leute, ob sie beten. Das Vaterunser beten. Ein »Fräulein« antwortet ihm: »Manchmal, wenn ich sehr glücklich bin – aber das kommt selten vor. Beim Skilaufen – nach dem Krieg – das erste Mal war's, als ich meinen Verlobten kennenlernte – es war eine wundervolle Nacht voller Sterne. In dieser Nacht ist mir das Herz einfach aufgesprungen. Ja, ich habe vor Freude gebetet. Und wenn es keinen Gott gäbe, hätte ich mir in dieser Nacht einen gemacht, so froh war ich, so notwendig hatte ich einen, der mir zuhörte und zu dem ich sagen konnte: Vater! Du hast mir diese Freude geschenkt.«

Gott und die Gefühle

Wir haben nun schon mancherlei gesagt, auf welchen Wegen wir Gott erkennen können, und wo diese Wege an ihre Grenzen stoßen. Das ging nie ohne harte Anstrengung des Denkens. Die eigentliche und an keine Grenzen stoßende Gotteserkenntnis ist der Glaube. Aber wenn wir diesen als »vernünftig«, als verantwortbar, sozusagen als »menschlich« aufweisen wollen, bedarf es auch dazu einer geistigen Anstrengung. Kein Wunder, dass wir uns vielleicht manchmal fragen: Gibt es denn nicht auch eine Gotteserkenntnis, die uns einfach so, ohne unser Zutun, gleichsam überfällt? *Muss* es das nicht geben, wenn es wahr ist, dass uns Gottes Erkenntnis letztlich *geschenkt* wird? Gibt es nicht eine Gotteserkenntnis, die so spontan ist wie ein Gefühl? Ja, die selber ihren eigentlichen Ort im Gefühl hat? Muss dies nicht wiederum so sein, wenn es wahr ist, dass der Glaube nicht nur eine Sache des »kalten« Verstandes ist, sondern eine Sache des ganzen Menschen? Und ist nicht das Gefühl viel eher als der Verstand und die schlussfolgernde Vernunft der Ort, wo der Mensch »ganz« bei sich selbst ist?

Nun, die Frau, die der Rundfunkreporter befragte, ist in dieser Sache eher ein abschreckendes Beispiel. Es bestätigt eigentlich die klassische Auffassung der sogenannten »Religionskritik«, wonach Gott nur eine »Projektion«, eine »Heraussetzung« unserer Sehnsüchte und Wünsche ist, eine Idee, die wir aus dem Stoff unserer Träume formen und für wirklich halten, weil wir nicht auf sie verzichten können. Immerhin sind es hier wenigstens erfreuliche und aus erfreulichen Ereignissen geborene Wünsche. Aber wer wollte sich schon an einen »Gott« halten, den ich mir notfalls selber mache? Doch wären wir ungerecht, nur dies, was die Befragte bei Stefan Andres hier zum Besten gibt, als Modellfall eines gefühlsmäßigen »Gotteserlebnisses« anzusehen und es daraufhin aus unseren Überlegungen auszuschalten. Wenn zum Beispiel seit einiger Zeit die sogenannten »Pfingstbewegungen« oder – in der katholischen Kirche – die »Charismatische Erneuerung« uns Zeugnisse über »Gotteserfahrung« und »Geisterfahrung« vorlegt, wenn Bücher geschrieben wurden mit Titeln wie »Gott lebt, ich bin ihm begegnet« (André Frossard) oder: »Meine Erfahrung mit Gott« (Marcel Legaut), dann hat das ungleich größeres Gewicht und steht auf einem höheren Niveau, als das »Fräulein« im »Reporter Gottes« erkennen ließ. Tut sich hier also ein Weg auf, Gott zu erkennen und von ihm das Leben prägen zu lassen, ein Weg womöglich, der uns all die Anstrengungen des Nachdenkens über »Atheismus«, »Tod Gottes« und »Gottesbeweis« erspart?

Nun ist kein Zweifel, dass wir Gott auch »erleben«, »erfahren«, ja »fühlen« können. Selbst der schon öfter erwähnte große Philosoph Immanuel Kant, gewiss ein wahrer Virtuose an »kalter« Gedankenschärfe, hat – nachdem er zuvor den Gottesbeweis »zertrümmert« hatte – dennoch Anlass gesehen zu dem Satz: »Zwei Dinge erfüllen das Gemüt mit immer neu und immer zunehmender Bewunderung und Ehrfurcht, je öfter und anhaltender sich das Nachdenken damit beschäftigt: der gestirnte Himmel über mir, und das moralische Gesetz in mir.« Also: Der sensible, zum Staunen fähige Blick in das Weltall und die praktische, im Handeln beherzigte Erfahrung sittlicher Verpflichtung lassen etwas von Gott spüren. Offenbar war auch bei dem »Rationalisten« Kant bei diesem Satz »Gefühl« im Spiel. Aber: Wie »krisenfest« ist solch ein Gefühl, solch ein Erlebnis? Ist es gefeit gegen die Zweifel? Offenbar nicht! Kann es sich mit Gründen verteidigen, wenn man ihm entgegenhält: das ist ja *nur* ein »Gefühlszustand«, nur »Emotion«, medizinisch wie psychologisch wohlbekannt und gut beschreibbar? Offenbar nicht! Tatsache ist jedenfalls: Man ist auf diese Weise der Wirklichkeit Gottes nur solange gewiss, als man in der Erlebnisspannung steht. Schwindet diese, kann man sie nicht künstlich wieder herstellen. Die Anhänger der »Pfingstbewegung« sagen daher auch in aller Offenheit: Wenn du nicht »drinstehst«, wenn du dich der »Erfahrung« nicht einfach aussetzt, können wir dir nicht klarmachen, worum es geht. Das Erlebnis muss sich also selbst beglaubigen und entzieht sich nicht nur jeder Kontrolle, sondern sogar jeder verständlichen Beschreibung.

Dann aber bleibt die Frage, woher wir eigentlich mit Gewissheit wissen, dass wir *Gott* erleben – und nicht eine Ausgeburt unserer erhitzten Fantasie. Selbst noch für die reinsten Formen christlicher Mystik müssen wir diese Frage stellen. Die Gewissheit, es mit Gott zu tun zu haben, muss von anderswo herkommen. Nur wenn die Gotteserkenntnis und die Gottesgewissheit nicht vom gefühlsmäßigen Erlebnis *abhängen,* können wir uns unbefangen dem Erleben hingeben, können wir das »Brennen in unseren Herzen« (Lk

24,32) als Geschenk annehmen. Und können auch die Durststrecken bewältigen, in denen das Erleben völlig schweigt und Gott unserem »Gefühl« wie abwesend vorkommt.

Aktives Gotteserlebnis

Ist damit die Frage nach »Gott und den Gefühlen« abgetan? Nein, aber sie muss genauer gestellt und klarer beantwortet werden – damit wir gerade auch in Bezug auf Gott gegenüber unseren Gefühlen wieder unbefangen werden können. In unserer gefühlskalten Welt hat gerade der Glaube an Gott keinen Anlass, die Verdächtigung des Gefühls auch noch zu bestärken. Das Stichwort, das unseren Antwortversuch steuert, heißt: aktives Gotteserlebnis.

»Aktiv« ist dabei der Glaube. Er ist weder auf Gefühle angewiesen, noch ist er mit ihnen identisch. Oder vielmehr: Er ist eine *ganzmenschliche* Tat der Hingabe an Gott, der Gefühle so wenig fehlen wie Vernunft und Wille. Aber die Schwerpunkte in diesem ganzmenschlichem Geschehen wechseln gewissermaßen ständig, daher ist er nie einseitig an einem Schwerpunkt verankert.

Dieser Glaube nun bezieht sich auf das ganze Leben, auf alle Erfahrungen, die wir mit dem Leben, mit uns selbst und mit der Welt machen. Und selbstverständlich gehören dazu auch Gefühle und Erlebnisse, werden Erfahrungen vom Gefühl aufgenommen und verarbeitet, vielleicht auch nicht verarbeitet. Dies alles, so wurde schon im vorausgehenden Kapitel gesagt, versteht der Glaube »im Lichte Gottes«. Gott steht hinter allem, was die Welt an uns heranträgt, Gott mutet uns dieses Leben zu – und er traut es uns zu. Daraufhin furchtlos und zuversichtlich leben – das heißt »glauben«. Der Glaube *deutet* also unsere Welterfahrungen, auch die gefühlsmäßigen. Er sagt uns gleichsam: In dem, was du da erlebst, was du mit Glücksgefühlen ergreifst oder auch mit Depressionsgefühlen abwehrst, was dich »anspricht« und zum Handeln mobilisiert und ebenso das, was dich niederdrückt und lähmt, ist in jedem Fall von Gott zugeschickt, auch wenn wir nicht immer den Sinn durchschauen.

Ja, noch mehr: Unsere Erfahrungen und also auch unsere Gefühlsreaktionen sind ja, wie wir ebenfalls im vorausgehenden Kapitel schon gezeigt haben, gleichsam der »Stoff«, aus dem uns überhaupt die Frage nach Gott entsteht, jene Frage also, die erst der Glaube umfassend zu beantworten vermag. Unsere Erfahrungen und darin auch unsere Gefühle sind also beides: das Feld der Frage nach Gott, wenn wir sie in ihrer Offenheit an uns heranlassen, und die greifbare Wirklichkeit Gottes in unserem Leben, wenn wir sie glaubend »im Lichte Gottes« entziffern.

Jetzt sollte deutlich sein, was »aktives Gotteserlebnis« tatsächlich heißen kann: Der Glaube macht unsere Erlebnisse gewissermaßen durchsichtig für Gott. Er lehrt uns freilich auch die Unterscheidung. Wie sollten wir zum Beispiel Hassgefühle oder kleinliche egoistische Sehnsüchte auf Gott zurückführen? Wer Gott nur »braucht« und sich notfalls einen »Gott macht«, um seinen Gefühlen die erwünschte Abrundung zu geben, wird kaum sagen dürfen, er habe »Gott erlebt«. Die beste Gewähr, dass unsere Gefühle uns nicht unbemerkt auf »schöne« Abwege führen, besteht darin, ob es dem Glauben gelingt, sich gegebenenfalls nachhaltig *gegen* unser Gefühl durchzusetzen, ja unsere Gefühlsreaktionen geradezu umzukrempeln. Wo zum Beispiel ein Gefühl der Selbstgenügsamkeit (»Ich habe genug getan, jetzt sind erst einmal die anderen dran!«) unter dem stillen, aber unwiderstehlichen Anspruch des Glaubens sich langsam wandelt zu einem hellwachen Gefühl für die Not der Mitmenschen, der gegenüber wir *nie* genug getan haben, da dürfen wir gewiss sein, dass wir etwas von der Wirklichkeit Gottes »gefühlt« haben. Wo solcher stillen Wirkmacht des Glaubens Raum gegeben wird, da gibt es keinen Grund mehr, misstrauisch zu werden, wenn wir das

»Gefühl« haben, dass Gott uns in manchen Augenblicken zum Greifen nahe ist.

So besteht also alles Recht zur Unbefangenheit gegenüber »religiösen Gefühlen« und dem, was sich uns zuweilen als »Erlebnis der Wirklichkeit Gottes« aufdrängen mag. Weil der Glaube aktiv und klärend dafür sorgt, dass es dabei mit rechten Dingen zugeht, ist dies eine Weise, wie dieser Glaube den ganzen Menschen und all seine Lebensvollzüge prägt. Daraus kann man nun geradezu ein Gebot ableiten. Es heißt: Intensiv leben. Wer oberflächlich in den Tag hinein lebt, verspürt in seinen Lebenserfahrungen, wie das Zweite Vatikanische Konzil sagt, »keine religiöse Unruhe« und wird darum buchstäblich in seinen Lebenserfahrungen nicht auf Gott stoßen, ja nicht einmal auf die Frage nach Gott – er wird zum praktischen Atheisten. Nur wer die Welt und die Erfahrungen des menschlichen Lebens intensiv an sich heranlässt, wer, übertrieben gesagt, jeden Augenblick sowohl des Glücks als auch der Not auskostet, weil er nie wiederkommt, der »fühlt« die ganze Vieldeutigkeit der Welt und des Lebens und spürt so die Frage nach dem Ruhepunkt des Herzens, wo alles eindeutig wird. Nur wer intensiv lebt, kann »fühlen«, wer Gott ist.

9. Kapitel

Ist Gott eine »Person«?

»Höchstes Glück der Erdenkinder sei nur die Persönlichkeit«. Dieser Satz stammt von Johann Wolfgang von Goethe. In der Tat, wenn ein Mensch von sich sagt: »Ich bin eine Person«, und wenn man gar von ihm sagt, er sei eine »Persönlichkeit«, dann soll das beide Male ein »Glück«, einen Vorzug bezeichnen. Durch ihn ist der Mensch turmhoch aller anderen Schöpfung überlegen. Durch ihn hebt er sich womöglich auch von anderen Menschen ab, vom »Massenmenschen«, vom »Herdenmenschen«, der über den Rang eines findigen Tieres nicht hinauskommt und mehr gelebt wird als selber lebt. Nun gibt es ernst zu nehmende Theologen, die sagen: Wer diesen Begriff von »Person« auf Gott anwendet, wer also in diesem Sinne sagt: »Gott ist eine Person«, der verkündet eine glatte Irrlehre. Und es gibt andere ernst zu nehmende Theologen, die daraufhin die Aussage, Gott sei eine »Person«, die Redeweise von der »Personalität« oder »Personhaftigkeit« Gottes meiden wie verpestete Luft. Sie meinen, sich dadurch von Gott nicht etwa eine kleinere, sondern gerade eine größere und richtigere Vorstellung zu machen. Was sollen wir davon halten?

Reichtum und Grenze

Person zu sein, ist in der Tat der Reichtum des Menschen. Könnten die anderen Geschöpfe Neid empfinden, sie müssten, wenn sie einen Menschen sehen, vor Neid erblassen und ihren Schöpfer der ungerechten Bevorzugung anklagen. Person sein heißt: erkennen, frei sein, über sich selbst entscheiden, mit anderen Gemeinschaft auf der Grundlage gleicher Würde und gegenseitiger Anerkennung haben (im

Unterschied etwa zur äußerst »hierarchischen« Verfassung eines Wolfsrudels), offen sein für immer neue Erfahrungen und Begegnungen mit der Wirklichkeit, sich selbst überschreiten, ja, sich selbst vergessen und hingeben. Die Dinge um den Menschen sind nur »vorhanden«, der Mensch aber »existiert«, wie man in der modernen Philosophie sagt, er nimmt sein Leben selbst in die Hand; was es ist, am Ende gewesen sein und, wie der christliche Glaube erhofft, in Ewigkeit bleiben wird, das ist Ertrag seiner eigenen Entscheidung und Tat. Was das alles bedeutet, können wir handgreiflich erleben, wenn wir etwa versuchen, uns ein Bild vom »Charakter« eines Menschen zu machen. Je mehr ein Mensch erlebt und neugierig und mutig zugleich an sich herangelassen hat, je mehr ein Mensch sich von bestimmten Begegnungen und Erfahrungen hat prägen und von anderen bewusst nicht hat bestimmen lassen, umso »charaktervoller« ist seine Persönlichkeit. Welcher Gewinn, ja welches Vergnügen kann es sein, mit einem besonders charaktervollen Menschen zu sprechen, dem der Reichtum seines Lebens geradezu im Gesicht geschrieben steht. Nicht von ungefähr sprechen wir von einem »Charakterkopf«.

Personsein also ist Auszeichnung und unveräußerliche Würde des Menschen. Sollen wir nun denken, dass solche Würde, solcher Vorzug an Freiheit, Erkenntnis und Begegnungsfähigkeit Gott fehlen? Wir wissen doch: Wenn wir Gott zu denken versuchen, müssen wir ihm alles Gute, alle Vorzüge geschöpflichen Seins gleichsam in unendlicher Übersteigerung zuschreiben – so (unter anderem) kann unser Denken ein wenig die Lebensfülle Gottes ahnen. Außerdem: Wenn Gott wirkliches Personsein abgeht, wie soll der Glaube dann noch einem solchen unpersönlichen »Weltgeist« (oder was er sonst dann noch sein könnte), einer namenlosen blinden Macht Sinngebung und Erlösung für das menschliche Leben zutrauen? Wie soll den Menschen tragen, was Menschenmaß gar nicht erst erreicht? Wer – nachdem alle Missverständnisse ausgeschaltet sind – noch Angst hat, *Gott* Personsein zuzuerkennen, hat vermutlich ein sehr kleines Bild vom *Menschen.* Er begreift nicht, welche Würde menschliches Personsein bedeutet. Wie sollte ein Gott, den der Glaube als Sinngrund und Ziel gerade menschlichen Personseins bekennt, dahinter zurückbleiben, also nicht auch *Person* sein mit denselben Vorzügen, die den Menschen auszeichnen? Was ist dieser Gott noch, wenn er das *nicht* ist?

Nun haben aber auch diejenigen, die Gott *nicht* Person nennen wollen, ein sehr gewichtiges Argument auf ihrer Seite. Person sein heißt immer auch: abgegrenzt sein, nämlich gegen andere Personen. Ja, je mehr einer als Person heranreift und zur »Persönlichkeit« wird, umso mehr wird er gerade daran interessiert sein, sich von den anderen zu unterscheiden. Wenn es einer damit übertreibt, sagen wir denn auch missbilligend: »Der will sich ja nur profilieren.« Ein Mensch ist, weil er Person ist, nicht mit einem anderen Menschen identisch, sondern nur mit sich selbst. Manchmal so sehr, dass er Menschen, die anders sind als er, nicht mehr gelten lässt. Nicht umsonst sagen wir ja zuweilen auch von einem Menschen: Er ist eine »geschlossene Persönlichkeit«.

Wie aber könnte Gott »geschlossen« sein? Er, der die Quelle des Seins *aller* Dinge ist, kann unmöglich ein *einzelnes* Ding sein, abgegrenzt unter vielen. Er unterscheidet sich von anderen »Personen« nicht wie ein Individuum vom anderen, ein Einzelmensch vom anderen, sondern wie der *Grund* aller Individualität sich gleicherweise von allen Individuen unterscheidet.

Weil Gott also in keiner Weise im menschlichen Sinne, das heißt *abgegrenzt,* Person sein kann, wollen die genannten Theologen, um jedem vermenschlichenden Missverständnis vorzubeugen, Gott lieber nicht »Person« nennen. Diese Überlegung hat deshalb so starkes Gewicht, weil, wie wir ja schon gesehen haben, Gott heute nicht grenzenlos genug gedacht werden kann. Er ist die grenzüberschreitende, weltüberlegene Macht in allen Prozessen, Entwicklungen und Ereignissen in einem Weltall, das wir seinerseits schon als grenzenlos erleben. Gott »Person« nennen – heißt das nicht zurückbleiben hinter unseren Erkenntnissen vom Weltall und seiner Entwicklung, zurückbleiben hinter der Selbsterfahrung unseres Lebens auf dem Stäubchen Erde? Machen wir Gott nicht harmlos, wenn wir ihn »Person« nennen?

Gottes Personsein und der Glaube

An sich könnte man nun zu einem salomonischen Urteil kommen: Wir müssen uns nur jeweils darüber verständigen, was wir genau meinen und hervorheben wollen, wenn wir Gott »Person« nennen. Je nachdem kann dann der Satz »Gott ist Person« wahr oder unwahr, richtig oder falsch sein. Gott ist Person im Sinne von Erkenntnis, Freiheit und Gemeinschaftsfähigkeit – so ist der Satz wahr. Gott ist Person im Sinne von Abgrenzung, Vereinzelung, Abgeschlossenheit – so ist der Satz falsch. Gott ist nicht Person im Sinne von Erkenntnis, Freiheit und Gemeinschaftsfähigkeit – dieser Satz ist unwahr. Gott ist nicht Person im Sinne von Abgrenzung, Vereinzelung und Abgeschlossenheit – dieser Satz ist wahr. Ein Mathematiker mag sich angeregt fühlen, dies alles geradezu im Schema mathematischer Formeln auszudrücken.

Wenn es aber so einfach ist, warum dann der zuweilen hitzige Streit darüber, ob man Gott Personsein, »Personalität« zuerkennen müsse? Offenbar hat die Frage eine Bedeutung für den Glauben, der das genannte salomonische Urteil nach dem Schema »einerseits – anderseits« nicht gerecht wird.

Die Frage hat zunächst eine *praktische Bedeutung* für die Frömmigkeit. Der Satz: »Gott ist Person« stellt sicher, dass wir zu Gott beten können. Und dass wir das tatsächlich dürfen, in dem ganz »normalen« Sinne, wie man das in den inzwischen 3500 Jahren biblisch-christlichen Glaubens, ja in der ganzen Religionsgeschichte getan hat, dabei wird es bleiben müssen. Es ist wohl kein Zufall, dass dort, wo man den Satz »Gott ist Person« für unangemessen oder unrichtig hält, auch das Recht des Gebets bestritten wird. Ja, es ist in aller Regel so, dass Überlegungen zur »neuen« Sinndeutung des Gebets, bei der das Wort dann oft etwas ganz anderes meint als bisher, den Rahmen abgeben, in dem auch der Satz von der Personalität Gottes der Kritik unterzogen wird (darüber und über das bleibende Recht des Gebets ausführlicher in meinen beiden Büchern über das Gebet; siehe die Literaturhinweise zu Kapitel 13 am Schluss dieses Buches).

Freilich kommt gerade auch bei der Frage des Gebets die innere Grenze heraus, die wir bei der Rede von Gottes Personsein nie übersehen dürfen. Beten heißt Gott anreden, wortwörtlich »Du« zu ihm sagen. Aber diese Anrede erhält nicht, wie sonst bei der Anrede an einen Menschen, eine vernehmbare Antwort. Beten ist nicht, wie man zuweilen etwas leichtsinnig sagt, »Gespräch« mit Gott. Die Anrede an Gott im Gebet hat darin auch gar nicht ihren Sinn (auch dazu mehr in den genannten Büchern).

Die Frage nach Gottes Personsein hat aber auch direkt eine *sozusagen »theoretische« Bedeutung,* also eine Bedeutung dafür, wie der Glaube von Gott denken soll. Die ganze Bibel ist voll von Aussagen, dass Gott zu uns Menschen gesprochen hat. Es ist darum auch typisch für die biblisch-christliche Anschauung vom *Menschen,* dass er der von Gott Angeredete und Hörende ist und sein Wesen gewinnt, indem er darauf antwortet. Dadurch unterscheidet sich übrigens das biblische Menschenbild vom Menschenbild der alten, vorchristlichen griechischen Philosophie, die das Wesen des Menschen vor allem vom »Schauen«, von der Fähigkeit zum geistigen Erkennen her verstand. Geschichtlich gesehen ist es darum auch folgerichtig, dass das Personsein des *Menschen* und von daher auch das Personsein Gottes nicht in der griechischen Philosophie, sondern im Einflussbereich des biblisch-christlichen Glaubens entdeckt wurde. Man kann das sogar noch heute merken im Vergleich mit dem »Menschenbild« etwa der ostasiatischen Religionen, die nicht von der biblischen Überlieferung berührt sind. Der Christ könnte ja nie ein Ideal darin sehen, eines Tages – im Tode – sich aufzulösen in die Einheit des Alls hinein. Nein, im Gegenteil, die große Hoffnung seines Lebens ist, einmalig, unverwechselbar und endgültig von Gott »bei seinem Namen gerufen« zu sein.

Aber auch auf dieser Linie, wo es um die Bedeutung des Personseins Gottes für den Glauben geht, stoßen wir wieder auf die innere Grenze dieses Satzes »Gott ist Person«. Denn – wir haben es im Kapitel über die Offenbarung Gottes schon bedacht – Gott redet ja nicht gleichsam höchst persönlich vom Himmel her, er redet durch Menschenwort, manchmal unzulängliches Menschenwort hindurch. Wir *verstehen* dieses Menschenwort aus ganz bestimmten Gründen als Wort Gottes. In genau diesem Sinne und in den damit angezeigten Grenzen sagt uns dann auch der Satz von der Personhaftigkeit Gottes etwas. Zugespitzt gesagt: Der Begriff »Person« erklärt uns nichts über die Wirklichkeit Gottes, sondern die Wirklichkeit Gottes, von der wir im Glauben wissen, erklärt uns, was der Begriff »Person« in Bezug auf Gott besagen kann und was er gerade *nicht* besagen kann.

Gott hat einen Namen

Ist nun Gott Person oder nicht? – so mögen manche inzwischen fast unwillig fragen. Wem dient denn so viel Problematisierung?

Darauf nun doch eine entschiedene Antwort. Wenn einer fragt: »Ist Gott Person?«, dann sollten wir ohne alle Umschweife antworten: »Ja, er ist Person!« Wir machen die Sache nicht klarer, wenn wir sofort mit »ja – aber …« antworten. Es ist ähnlich wie bei der anderen Frage: »Ist Jesus Christus auferstanden?« Auch hier sollten wir zunächst entschieden antworten: »Ja, er ist auferstanden!« Damit überspringen wir keineswegs echte Fragen und echte Probleme, wir geben nur eine entschiedene Antwort, und die ist nötig. Denn die Versuchung, sich Gott als eine geheimnisvolle, aber namenlose Macht vorzustellen, ist heute besonders groß.

Insgeheim mag dabei sogar gelegentlich ein gar nicht gutes Motiv mitspielen: Vor einer namenlosen Macht brauche ich mich nicht zu verantworten, ihr bin ich keine Rechenschaft über mein Leben schuldig, weil ich sie ja gar nicht anreden kann. Und doch kann ich dabei die »Vorzüge« des Gottesglaubens beibehalten, nämlich mich von dieser namenlosen Macht getragen und geborgen fühlen. Es ist immer das alte Lied: Wir alle haben gar nichts gegen einen Gott, der irgendwie unsere Lebenserfahrung und Weltbegegnung harmonisch »abrundet«; nur wenn dieser Gott jemand ist, der uns auch einfordert, sind wir nicht mehr so bereitwillig. Dieser Versuchung kann man bei anderen und bei uns selbst mit nichts entschiedener entgegentreten als durch die klare Aussage: Gott ist Person, und er ist uns als Person begegnet durch sein Wort, an das wir glauben und nach dem wir uns richten.

Nachdem dies klar ist, müssen wir allerdings – gerade heute – alles tun, um diese entschiedene Aussage vom Personsein Gottes nicht zum Gespött zu machen. Gott ist Person, das darf gerade nicht so missverstanden werden, als ob er der harmlose »liebe« Gott wäre, der uns nicht wehtut, dessen Handwerk aber gefälligst die Hilfe für uns ist, wenn wir mit unseren Künsten am Ende sind. Aber diese Fehldeutung kann man ja auch auf eine andere Weise verhindern als durch die Bestreitung des Personseins Gottes. Man hätte sonst vielleicht ein Missverständnis ausgeräumt, aber dafür die Gefahr vieler neuer Missverständnisse eingetauscht.

Und ein Letztes müssen wir hier erwähnen: Die christliche Theologie nennt streng genommen nie einfachhin »Gott« Person. Sie nennt vielmehr Gott, den Vater, den Sohn und den Heiligen Geist jeweils »Person«. Auch diese Aussage ist, wie die einfache Rede vom Personsein Gottes, von Missverständnissen bedroht, eher mehr als weniger. Immerhin, der christliche Glaube bekennt den einen Gott in *drei* Personen – den drei-einen, den »dreifaltigen« Gott. Das widerspricht nicht dem, was wir in diesem Kapitel überlegt haben. Wir müssen aber am Ende dieses Buches darüber noch einmal eigens nachdenken.

10. Kapitel

Dürfen wir über Gott schweigen?

In seinem seinerzeit in der ganzen Welt gelesenen und nach wie vor lesenswerten Buch »Stadt ohne Gott« (3. Aufl. 1967) forderte der amerikanische Theologe Harvey Cox am Schluss, das Wort »Gott« für einige Zeit abzuschaffen. Und dies nicht etwa, weil er ein »Gott-ist-tot«-Theologe war, sondern weil er beobachtet und ausführlich untersucht hatte, dass aus gesellschaftlichen und kulturellen Gründen das Wort »Gott«, wie es heute weithin verwendet wird, alles Erdenkliche bezeichnet, nur nicht die Wirklichkeit des Gottes, von dem der biblisch-christliche Glaube redet. Wie soll man sich auch von der abgestandenen Geschwätzigkeit rund um das Wort »Gott« jene Erfrischung erhoffen können, die wir brauchen, um die religiösen Durststrecken des Lebens in der »atheistischen« Welt zu bewältigen? Niemand ist ein so elender Gegenzeuge der Wirklichkeit Gottes wie seinerzeit der sprichwörtliche »allzeit beredte Landpfarrer«, der auf alle Fragen, auch die quälendsten, sofort Antwort und Erklärung parat hat und dabei ständig den Namen Gottes im Munde führt.

Ein kleiner Rückblick

Die Frage, ob es nicht – zumindest zeitweise – angezeigt sei, von Gott zu *schweigen,* hat also ihren großen Ernst, deshalb stellen wir sie am Schluss des ersten Teiles dieses Buches.

Aber geraten wir damit nicht in einen peinlichen Widerspruch? Blicken wir zurück: Wir haben in allen Kapiteln ständig von Gott geredet und diese Rede in Schutz zu nehmen versucht gegen allerlei Einwände. Wir können und dürfen an Gott glauben, und dies nicht, weil unsere Gotteserkenntnis weniger ist als ein Wissen, sondern mehr und etwas ganz anderes, eine ganzmenschliche Tat, in der Erkenntnis als *ein* Element eingeschlossen ist. Wir haben dann nach der Selbstoffenbarung Gottes gefragt und dabei allerlei Missverständnisse auszuschalten versucht – gerade deswegen, weil wir unbedingt daran festhalten, dass Gott sich geoffenbart hat und dass wir davon zu reden haben, ob gelegen oder ungelegen. Von da aus haben wir zu verstehen gesucht, dass und wie uns die Heilige Schrift zur Erkenntnis Gottes verhilft – also eben jene Schriftensammlung aus einem knappen Jahrtausend vor und einem guten Jahrhundert nach unserer Zeitrechnung, in der nachweislich *auch* auf eine solche Weise von Gott geredet wird, die wir heute nicht mehr festhalten können – obwohl auch in solchen Aussagen Gott sehr ernst genommen wird. Dann haben wir nach dem Beweis für das Dasein Gottes gefragt – in der erklärten Absicht, das Sprechen von Gott zu rechtfertigen und allen Auffassungen zu widerstehen, die behaupten, diese Frage zu stellen sei sinnlos. Das alles ergab dann Maßstäbe für die Beurteilung des »Atheismus« und einer modischen »Gott-ist-tot«-Theologie, für die Bewertung unserer Vorstellungen von Gott, für die Gotteserkenntnis auch mit den Kräften des Gefühls, für die Redeweise von Gott als »Person«. Kein Gedanke daran, von Gott nicht reden zu können, von Gott schweigen zu müssen.

Wann dürfen wir schweigen?

Nun zeigen aber die einleitenden Bemerkungen über die »Stadt ohne Gott« und den »redseligen Landpfarrer« (dem nicht selten auch Theologen die Hand reichen können), dass es bei der Rede von Gott nicht nur um »richtig« oder »falsch« geht. Wie ja auch sonst unsere Sprache nicht nur gewissermaßen die Wirklichkeit abbildet, sondern sie zugleich auch bestimmt und verändert. Es kann sein, dass der Gebrauch des Wortes »Gott« manchmal Wirkungen hat, die nicht Werk des wahren Gottes sein können. Wir müssen also nicht nur nach der Richtigkeit der Rede von Gott fragen, sondern auch nach der Situation, in der sie geschieht. Hier kann dann allen Ernstes die Frage auftauchen: Dürfen wir schweigen?

Wann dürfen wir schweigen? Wir müssen hier zwei Grundsituationen unterscheiden: die Situation der Verharmlosung und die Situation der Rechenschaft. In der Situation der Verharmlosung, die wir in unserer säkularisierten Gesellschaft oft und oft erleben, wird der Name »Gott« wie ein Wegwerfprodukt gebraucht: vom Fluch bis zur Redensart, vom billigen Witz bis zur frommen Floskel. Und was noch schlimmer ist: Selbst die christliche Verkündigung, selbst die theologische Rede von Gott kann den Eindruck der Belanglosigkeit erwecken, dann nämlich, wenn sie in naiver Form von Gott so redet, wie es in einer früheren kulturellen und gesellschaftlichen Situation vielleicht einmal treffsicher und hilfreich war, heute aber nicht mehr ist. Wer zum Beispiel heute, wo es Könige nur noch entweder als lebende Staatssymbole (und Thema der Regenbogenpresse) oder als grausame Diktatoren gibt, Gott einen »König« nennt, macht die Rede von Gott belanglos. Da kann es ein Glaubenszeugnis sein, von Gott demonstrativ zu schweigen. Da kann es ein Glaubensbekenntnis sein, den Skeptiker nicht nur zu spielen, sondern wie ein Skeptiker zu leben. Übrigens machen uns das viele Christenmenschen mit großer Lebenserfahrung auf eine geradezu instinktsichere Weise vor. Sie gehen in die Kirche, sie hören die Predigt, lesen die Kirchenzeitung und manchmal auch ein religiöses Buch – aber sie legen sich auf nichts fest. Sie hören und lesen immer mit dem halb eingestandenen, halb unbewussten Verdacht: Es ist wahrscheinlich alles nicht so einfach, wie die glatten und eingängigen Formulierungen aus Prediger- und Theologenmund glauben machen wollen. Eine solche Skepsis ist herzerfrischend. Hoffentlich stoßen auch die Überlegungen dieses Buches auf viel von solcher Skepsis!

Wenn solches Schweigen und solche Skepsis Glaubenszeugnis sein wollen, dann hat das allerdings eine Bedingung: Man darf nicht oberflächlich in den Tag hineinleben. Wir sind nur dann bei Gott auch im Schweigen über ihn, wenn wir aus seinem Geheimnis leben, das wir in der gegebenen Situation lieber nicht benennen wollen. Konkret gesagt: Nur wenn wir immer wieder in den hellen und dunklen Rätseln des Lebens feinfühlig wahrnehmen und uns klarmachen, wie wenig selbstverständlich alles ist, vom Tageslicht bis zur Erfahrung zwischenmenschlicher Liebe, vom unerklärlichen Leiden bis zu jedem kleinen Erfolg im Kampf gegen das Böse – nur dann dürfen wir uns sagen, dass wir auf Gottes Spur sind, auch wenn sie sich im Schweigen verliert.

Die andere Situation ist, wenn wir zur »Rechenschaft über unsere Hoffnung« (1 Petr 3,15) gefordert werden. Wer kennt diese Augenblicke nicht, auch mitten im gottlos funktionierenden Betrieb der sogenannten »Industriegesellschaft«? Knall auf Fall, am Arbeitsplatz oder im Urlaub oder in einem ganz »sachlichen« wissenschaftlichen Gespräch oder wo auch immer, werden wir gefragt: Wovon lebst du eigentlich als Christ? Was meinst du, wenn du sagst: Ich glaube an Gott? Dürfen wir hier schweigen, weil etwa eine entschiedene Antwort ganz gegen den Zeitgeist geht? Das wäre feige. Dürfen wir schweigen, weil wir uns unfähig fühlen, es richtig auszudrücken? Das wäre ein Armutszeugnis und sollte zu alsbaldiger »Fortbildung im Glauben« führen. Sollen wir schweigen, weil wir an einer solchen Frage plötzlich merken, wie wenig fest wir selbst im Glauben stehen? Das wäre schlimm – aber vielleicht auch heilsam, weil es unseren Glauben endlich aus der bloß mitgeschleppten Routine herausreißt.

Es ist also klar: Hier dürfen wir nicht von Gott schweigen, hier müssen wir, so stotternd es auch gehen mag, von Gott reden. Und auch das stotternde Reden von Gott wird dann seine Überzeugungskraft nicht verfehlen, wenn das Leben und der Umgang mit den Mitmenschen diese Rede nicht Lügen strafen.

Selbstverständlich fordert solches ausdrückliche Glaubenszeugnis Mut – vor allem den Mut, allein zu stehen. Und wer tut das schon gern in einer Zeit, die es für selbstverständlich hält, dass man nur gemeinsam stark ist? »Der christliche Glaube macht den Jünger zum Einzelnen«, hat der von den Nationalsozialisten ermordete evangelische Theologe Dietrich Bonhoeffer einmal gesagt. Das ist heute so aktuell wie damals.

»Ich glaube, darum rede ich«

Läuft es also wieder einmal auf eine Fifty-fifty-Antwort hinaus nach dem Muster: mal so, mal so? Nun, zumindest wäre dies keine bequeme Antwort, denn jetzt bedarf es ja eines gewissen Scharfsinns und eines gewissen Feingefühls, die jeweiligen Situationen zu erfassen und zu beurteilen, in denen Schweigen und in denen Reden von Gott am Platze ist. Wir können aber wieder eine Art Faustregel aufstellen: Es ist keine Schande – weder für einen einfachen Christen noch für einen Theologen –, aus gegebenem Anlass einzugestehen: Ich weiß das nicht; ich kann mir das selber nicht erklären. Auch wenn Christen im Glauben überzeugt sind, dass Gott alles weiß und die Herzen der Menschen kennt, auch wenn sie sich also sagen dürfen, dass es keine echte Frage ohne Antwort gibt, so sind sie doch nicht verpflichtet, auf alle Lebensfragen und Lebenslagen eine sofortige fix-fertige Antwort zu wissen. »Jetzt sehen wir noch wie durch einen Spiegel auf ein Rätselbild«, sagt Paulus (1 Kor 13,12); dass der Glaube in Gott die absolute Wahrheit ergreift, heißt nicht, dass uns das Suchen, Missverstehen, Buchstabieren, Stottern erspart bleiben. Dies gilt ganz besonders, wenn wir vor dem Anblick schweren und schwersten Leidens stehen. Schweigen, Zuhören, Mitleiden, Helfen, das kann hier wesentlich wichtiger sein als eine eilfertige Rede über Gott und das Leid, die sich gar nicht wirklich in die Situation des Leidenden hineinbegeben hat.

Und doch: Wenn der Eindruck nicht trügt, schweigen wir durchschnittlich heute häufiger aus unredlichen Gründen über Gott als aus redlichen. Wir schweigen, weil wir gewissermaßen Gott in dieser Welt nichts mehr zutrauen – und weil wir *darum* es uns auch nicht mehr alle Mühe kosten lassen, die heute angemessene richtige Redeweise von Gott zu lernen und zu versuchen. Trotz aller »Verwesung«, die den Gebrauch des Wortes »Gott« heute befallen hat – so hat der evangelische Theologe Gerhard Ebeling († 2001) die Lage einmal gekennzeichnet –, müssen wir heute, in angemessener Weise, häufiger von Gott reden, wo wir von ihm schweigen, als wir von ihm schweigen müssen, wo von ihm geredet wird. »Wir können unmöglich schweigen über das, was wir gesehen und gehört haben«, erklären Petrus und Johannes dem Hohen Rat in Jerusalem (Apg 4,20). Wir können unmöglich darüber schweigen, dass Gott »sich uns anvertraut« hat (vergleiche oben das zweite Kapitel).

»Ich glaube, darum rede ich«, so übersetzt Martin Luther das Psalmwort Ps 116,10. Diese Übersetzung ist so nicht ganz korrekt, aber sie fasst den bisherigen Gang unserer Überlegungen treffend zusammen. Der Glaube an Gott ist in aller Regel nicht zum Schweigen da. Das inhaltleere Geschwätz, das feige Verstummen, das unfähige Stottern, das lieblose Daherreden in religiösen Floskeln – das alles sind Gefahren, die nicht zu befürchten stehen, wenn in menschlich anziehender und liebenswürdiger Form damit Ernst gemacht wird: *»Ich glaube* – darum rede ich.«

Zweiter Teil:

Wo können wir Gott erkennen?

11. Kapitel

Können wir Gott in der Natur erkennen?

Gott zu erkennen ist immer eine Tat, ist Aktivität, redliche Bemühung. Gotteserkenntnis geschieht nicht ohne unser Zutun. Selbst dann nicht, wenn auch die Kräfte des spontanen Gefühls daran beteiligt sind. Wenn wir nun im zweiten Teil unserer Überlegungen fragen, *wo* wir Gott erkennen können, dann ist von vornherein klar: Wir fragen nicht, wo uns die Gotteserkenntnis gleichsam unerwartet überfällt, sondern wo wir ihn finden können, wenn wir uns nur bemühen, aktiv, aus Glaube und Einsicht zugleich, die Dinge auf Gott hin durchsichtig zu machen.

Wir wollen dies in den folgenden Kapiteln nicht in weitschweifiger Ausführlichkeit tun, vielmehr in kleinen Skizzen, sozusagen in »Fünf-Minuten-Predigten«. Denn worum es dabei im Einzelnen geht, ist an sich jedem gläubigen Christen klar. Wir können uns also immer mit einem knappen Hinweis begnügen, der versuchen soll, jeweils den besonderen Gewinn für unsere Gotteserkenntnis hervorzuheben, den besonderen Gesichtspunkt herauszuarbeiten, unter dem wir Gott erkennen können. Wir könnten auch so sagen: Wir wollen die besondere »Eigenschaft« Gottes beleuchten, die jeweils an den einzelnen Orten unserer Gotteserkenntnis zum Vorschein kommt.

Können wir Gott in der Natur erkennen? »Brüder, überm Sternenzelt muss ein lieber Vater wohnen!« Millionen von Menschen, auch Nichtchristen, haben sich von diesen Worten aus der »Freuden-Ode« von Friedrich Schiller anrühren lassen, vor allem in der unsterblichen Vertonung durch Ludwig van Beethoven in seiner Neunten Sinfonie. Übrigens hat Schiller nicht von ungefähr so gedichtet und Beethoven nicht von ungefähr diese Verse komponiert. Die ganze damalige Zeit, um die Wende zum 19. Jahrhundert, hatte einen Hang zur »Naturmystik« – war also empfänglich für den Gedanken, Gott in der Natur zu erkennen.

»Muss« er »überm Sternenzelt« wohnen? Spätestens seit die neuzeitliche Naturwissenschaft zur Grundlage einer schier grenzenlos fortschreitenden Technik geworden ist, die dem Uneingeweihten heute schon nicht weniger geheimnisvoll erscheint als den Menschen früherer Zeiten die Natur selbst, spätestens also, seit es kein »Tabu« für die Beherrschung der Natur durch den Menschen gibt, ist die »Naturmystik« gebrochen. Gelegentlich wird die Natur sogar als Hindernis der Gotteserkenntnis empfunden. Die Naturwissenschaft, sagt man, treibe einem den Gedanken an Gott geradezu aus, sie mache ihrem Wesen nach »gottlos«. Bis hin zu dem Satz: »Gott ist ein schlechter Mathematiker«, ist dieser Gedanke schon vorangetrieben worden, weil sich in der Tat gewisse Vorgänge in der Natur nicht, wie eigentlich erwartet, nach bestimmten mathematischen Formeln richten.

Anderseits können auch wir Menschen eines übertechnisierten Zeitalters den Satz Schillers und Beethovens noch nachfühlen – heute wieder eher denn je, seit wir entdecken mussten, dass der ungehemmte Griff des Menschen nach der Herrschaft über die Natur auch seinen Preis hat, ja geradezu seine Strafe in sich trägt. Wer einmal auf einem hohen Berg oder in einer grenzenlosen Ebene, am Meer oder an einem gewaltigen Wasserfall gestanden hat und sich nicht sattsehen konnte; wer der langsamen Bewegung eines großen Flusses oder dem gurgelnden Springen eines Baches zuschaut; wer das Leben und Sterben der Natur im Wechsel der Jahreszeiten immer neu fasziniert erlebt; wer am Treiben der Tierwelt seine Freude hat, wie es uns eindrucksvolle Naturfilme vor Augen führen; wer – frei nach Schiller und Beethoven – etwa bei einem Urlaub in südlichen Breitengraden erstmals erlebt, was ein Sternenhimmel ist, den es in nördlichen Ländern nicht zu geben scheint; wer umgekehrt das Nordlicht gesehen hat, von dem der Südländer keine Ahnung hat; wer in Bildern und Filmberichten von der bemannten Weltraumfahrt »die Erde aufgehen« sah – der kann sich schon geradezu dabei »ertappen«, wie er fast unwillkürlich an Gott denkt. Vor allem dann, wenn er nicht sogleich fragt, welchen Nutzen das denn alles für den Menschen hat.

Gewiss wird der Naturwissenschaftler solche Naturwirklichkeit mit »sachlicheren« Augen betrachten, denn er kennt die Gesetze, nach denen das alles geworden ist und abläuft, wo der unkundige »Laie« nur fassungslos staunen kann. Anderseits kann gerade dem Naturwissenschaftler die Natur auch wiederum »göttlicher« erscheinen als dem Nichtfachmann. Welcher Geist, ja welche »Intelligenz« muss hinter dieser funktionierenden und aufeinander abgestimmten Naturwirklichkeit stehen oder auch hinter dem kleinen Anfang, der die Entwicklungsmöglichkeiten zu diesem Universum in sich barg!

Nein, es stimmt nicht, dass die Naturwissenschaft den Menschen gottlos machen *muss*. Es darf dahingestellt bleiben, ob derjenige, der den Satz gesagt hat: »Gott ist ein schlechter Mathematiker«, wirklich ein besserer Mathematiker oder nicht vielmehr ein ganz kleiner, halbblinder, erlebnisunfähiger Geist war.

Nirgendwo können wir, auch heute noch, so unausweichlich wie in der Natur auf die Frage gestoßen werden, die der Ausgangspunkt aller philosophischen Fragen nach Gott war und ist: Warum ist etwas, und warum ist nicht nichts? Und die mühelose Präzision, mit der etwa das Werden auch hochkomplizierten neuen Lebens in der Natur abläuft – man denke etwa an das Wachsen eines menschlichen Gehirns im Mutterleib und anschließend im Kleinkind! –, weckt auch heute mit vollem Recht die Frage: Soll dies alles das Werk einer blinden, namenlosen Macht, eines zufälligen Kräftezusammenspiels sein? Gebrauchen wir nicht doch mit vollem Recht dasselbe Wort in Bezug auf Gott und in Bezug auf die Natur, indem wir vom »Geheimnis der Natur« ebenso sprechen wie vom »Geheimnis Gottes«?

»Seit der Weltschöpfung sind seine (Gottes) unsichtbaren Geheimnisse durch seine Werke vernünftiger Erkenntnis zugänglich: seine ewige Macht und Gottheit« (Röm 1,20). Dieser Satz des Apostels Paulus bleibt in Kraft. Seine »ewige Macht« ist das, was uns am mühelosesten in der Natur aufgeht – wenn wir noch fähig sind zu staunen.

12. Kapitel

Was zeigt uns Jesus Christus von Gott?

Die Formulierung »Jesus – Ort der Erfahrung Gottes« ist der Titel eines wissenschaftlichen (und darum nicht leicht zu lesenden) theologischen Buches. Anderseits veröffentlichte die große deutsche Wochenzeitung DIE ZEIT vor etlichen Jahren eine Beitragsserie unter dem Titel: »Die kleine Welt des Jesus Christus«, in der der Verfasser auf dem Boden der damaligen Forschung (aus der er allerdings in problematischer Weise auswählt) die eindrucksvolle, aber aufs Ganze gesehen doch enge und für uns fremdartige, von der Frömmigkeit des jüdischen Glaubens geprägte Lebenswelt Jesu schildert. *Dieser* unserem Denken und Fühlen von Haus aus bestimmt nicht nahestehende Jesus ist also der »Ort«, wo wir, und sogar in besonderer, unüberbietbarer Weise, Gott finden. Wenn wir *ihn* anschauen, erkennen wir etwas von *Gott* – so wie wir auch etwas von Gott erkennen, wenn wir die Natur anschauen. Und im Johannesevangelium erklärt dieser Jesus denn auch wörtlich: »Wer mich sieht, sieht den Vater« (Joh 14,9). Schon mehrmals mussten wir auf diesen Zusammenhang verweisen (s. o. im 2., 3., 7. und 9. Kapitel).

Aber was heißt das nun, Jesus Christus »anschauen«, wo er doch nicht – wie etwa die Natur und die Mitmenschen – vor unseren Augen steht? Nun, wir müssen – vermittelt durch die Heilige Schrift und die Glaubensunterweisung der Kirche – das Leben, die Botschaft, das Todesleiden und die Auferweckung Jesu lesen *als eine einzige Botschaft über Gott.* Aus diesem Grunde nennt das Neue Testament Jesus ja auch das »Wort Gottes« (Joh 1,14). Gott hat sich uns in Jesus Christus »anvertraut«, und eben dies haben wir im Blick auf Jesus Christus zu »entziffern«.

Nun können und müssen wir hier die Einzelheiten des Lebens und der Botschaft Jesu als bekannt voraussetzen (vgl. dazu auch »Kleines katholisches Glaubensbuch«). Fragen wir sogleich nach der besonderen Botschaft von Gott.

1. Es geht überhaupt und einzig und allein um Gott! Bei den vielen und manchmal verwirrenden Fragen, die gerade heute nach dem Geheimnis der Person Jesu Christi innerhalb und außerhalb der Kirche gestellt werden, dürfen wir das nie vergessen. Jesus hat sich nicht vor seine Hörer hingestellt und wörtlich gesagt: »Glaubt *an mich!*« Ob er bestimmte Titel (zum Beispiel »Messias«, »Menschensohn«, »Sohn Gottes«) in Bezug auf seine Person zugelassen oder abgewehrt hat – die Bibelwissenschaftler sind da nicht immer einig –, fest steht jedenfalls: Er hat immer auf Gott, auf den »Vater«, hingewiesen und seinen Hörern Mut gemacht, an *ihn* zu glauben und auf *ihn* allein zu vertrauen.

2. Dieser Gott, dieser »Vater«, das macht Jesus deutlich, hat sich *bedingungslos* auf den Weg zu den Menschen gemacht. Er hat sie geradezu »gesucht«, ist ihnen »nachgegangen«. Auch den Bösen – oder denen, die man für böse hielt. Und dies tut Gott nicht, um die Menschen zu richten und gegebenenfalls zu vernichten, sondern um sie zu retten und vor sich in Hoffnung und Freude leben zu lassen.

3. Zwischen Gott und Mensch ist »Endzeit«. Das heißt nicht, dass die Geschichte der Welt und des Menschen sich ihrem zeitlichen Ende zuneigt. So hat man es anfangs und auch noch mehrfach im Lauf der Kirchengeschichte verstanden beziehungsweise missverstanden. Gemeint ist vielmehr: In der Auferweckung Jesu hat Gott das endgültige Ziel seiner Wege mit den Menschen vorweggenommen – und damit unüberbietbar deutlich gesagt, wo er mit den Menschen hinauswill. Nicht zum Tode, sondern zum Leben, nicht zum Schattendasein, sondern zur Vollendung, nicht zur Vergeblichkeit und zum Vergessen, sondern zu ewigem Wert. Dafür ist Jesus uns Unterpfand als der »Erstling der Entschlafenen«, wie Paulus sagt (1 Kor 15,20).

4. Für jetzt ist uns dies gesagt und gegeben als »Hoffnung, die nicht sieht« (Röm 8,25). Aber diese Hoffnung dürfen wir gegen allen Augenschein durchhalten. Und auch das sehen wir an Jesus, der nur durch seinen völlig unverständlichen Tod hindurch der »Erstling der Entschlafenen« wurde, durch einen Tod, der ihm den Satz auf die Lippen trieb: »Mein Gott, warum hast du mich verlassen!« (Mk 15,34).

5. Dies alles heißt also: Gott liebt den *Menschen.* Er liebt nicht seine Leistung, sondern ihn selbst. Er liebt nicht die Rolle, die jemand spielt, sondern die Person. Er macht seine Liebe nicht abhängig von dem, was ein Mensch vorzuweisen hat, sondern beschenkt ohne Vor- und Gegenleistung. Sein Urteil über den Menschen deckt sich nicht mit dem Urteil und der Einschätzung der Mitmenschen, Herrschenden und Einflussreichen, der »Gesellschaft«, sondern mit dem Urteil, das er selbst spricht, indem er jeden Menschen ein für alle Mal bei seinem Namen ruft.

Dies alles wird deutlich in der Botschaft, im Leiden und in der Auferweckung Jesu. Es wird deutlich im Lebensweg Jesu in seiner »kleinen Welt«. Dies wird für immer, je nachdem, das große Ärgernis oder die nie endende Freude des christlichen Glaubens bleiben, dass Gott sich uns nirgendwo anders unüberbietbar »anvertraut« hat, als in dem »kleinen«, unscheinbaren, aber nach Ort, Datum und näheren Umständen beschreibbaren Lebensgeschick eines bestimmten Menschen, der unser Bruder war. Um diese allerdings ganz besondere Nachricht über Gott so herausfordernd wie nur möglich vor uns hinzustellen, sodass wir nur die Wahl zwischen Ärger oder Glauben haben, nennt das christliche Glaubensbekenntnis Jesus seit den Tagen des Neuen Testamentes »das Ebenbild des unsichtbaren Gottes« (Kol 1,15), den »Herrn«, den »Sohn Gottes«. Übrigens: Diese Botschaft von Gott, und nichts anderes – entgegen gewissen misstrauischen Vermutungen, die aus ganz anderer Quelle stammen – ist der Grund, warum wir Gott »Vater« nennen. Auch das wissen wir von Jesus.

13. Kapitel

Begegnen wir Gott im Gottesdienst?

Ein »guter« Katholik geht an jedem Sonntag und an jedem kirchlichen Feiertag zum Gottesdienst, zur Eucharistiefeier. Wenn einer nicht nur gelegentlich einmal fehlte (wofür es gute Gründe geben kann), sondern *grundsätzlich* den Sonntagsgottesdienst für überflüssig und nicht unbedingt zum christlichen Leben gehörig erachtete, würden wir ihn kaum noch einen praktizierenden Katholiken nennen. Warum tun wir das? Ich meine: aus welchem *sachlichen* Grunde, abgesehen von Herkommen und dem Gebot der Kirche? Umfragen unter den Katholiken, zum Beispiel im Umfeld der Würzburger »Synode der Bistümer in der Bundesrepublik Deutschland« (1972 1975), brachten unter anderem die überraschenden Antworten: um Gott zu begegnen; um Zeit für ungestörtes Gebet zu finden. Ist also auch der Gottesdienst ein Ort, wo wir auf Gott stoßen, wo wir Gott finden, ihn erkennen können?

Wir brauchen nicht mehr erneut zu betonen, dass auch im Gottesdienst, also in einem Geschehen, das seinem Wesen nach direkt mit Gott zu tun haben will, Gottesbegegnung, Gotteserkenntnis nicht ohne unser Zutun, nicht ohne die Aktivität des erschließenden Glaubens geschieht. Aber *wie* geschieht diese Begegnung?

Schauen wir gleich auf das Herzstück der Eucharistiefeier: auf das Hochgebet mit dem Bericht über das letzte Abendmahl Jesu und die Einsetzung der Eucharistie. Das Hochgebet beginnt damit, dass wir aufgerufen werden, zu danken. In feierlicher, zuweilen fast überladen wirkender Weise wird Gott angeredet als der, der unseren Dank und Lobpreis verdient hat. Denn er hat sich um die Erde und um die Menschen gekümmert. Das Hochgebet erinnert uns – je nach Festtag oder Jahreszeit in gezielter Auswahl – an die

Geschichte Gottes mit den Menschen, in der er sich immer wieder kundgemacht hat. Immer aber erinnert das Hochgebet daran, dass Gott sich in Jesus Christus uns endgültig und unüberbietbar gezeigt hat, mit uns solidarisch geworden ist bis in den Tod. Dabei gedenken wir, was Jesus getan hat, bekennen es als Gottes Tat zu unserem Heil, vollziehen in seinem Auftrag nach, was er vorgetan hat, und lassen uns an die Konsequenzen für unser Leben gemahnen. Daraufhin, unter Berufung auf Jesus Christus, *wagen* wir dann am Ende des Hochgebets zu Gott zu sagen, was kein Mensch von sich aus Gott zu sagen sich zutrauen dürfte: »Vater unser …« Kein Zweifel: Das Hochgebet ist, in der Form der bekennenden Anrede und des Dankes, ein kurzer Abriss des ganzen Glaubens, eine Art Glaubensbekenntnis. Das bleibt selbst dann noch wahr, wenn über die richtige Auslegung des Berichtes vom letzten Abendmahl Jesu und der sogenannten »Einsetzungsworte« Streit zwischen Theologen und sogar zwischen den verschiedenen christlichen Kirchen als solchen ausgebrochen und immer noch nicht zu Ende ist.

Andere wichtige Texte des Gottesdienstes, vor allem die sogenannten »Tagesgebete«, sind wie ein Kommentar dazu und wollen uns anleiten, unser Leben, seine Erwartungen und Anforderungen, zu diesem großen Geschehen, von dem das Hochgebet redet, in Beziehung zu setzen. Wenn wir etwa am 30. Sonntag im Jahreskreis beten: »Allmächtiger, ewiger Gott, mehre in uns den Glauben, die Hoffnung und die Liebe. Gib uns die Gnade, zu lieben, was du gebietest, damit wir erlangen, was du verheißen hast«, dann können wir in diese sehr allgemeinen Worte doch Punkt für Punkt unser ganzes Leben hineinlegen, den Lebensweg im Ganzen ebenso wie die Erfahrungen der vergangenen und die Sorgen vor der kommenden Woche.

Damit ist zunächst über den Gottesdienst als »Ort« der Gotteserkenntnis alles gesagt. Der »Ort« sind die Texte und Handlungen. Wer sich aufmerksam zuhörend und mitdenkend darauf einlässt, wird mit Nachdruck und heilsam an alles erinnert, was er zwar von Gott im Glauben schon weiß, was aber unter den Anforderungen des alltäglichen Lebens oft genug aus dem Blickfeld gerät und dann seine prägende Kraft einbüßt.

Was aber ist das *Besondere* dieser Art von Gotteserkenntnis im Gottesdienst? Wenn wir auf die bisherigen »Orte« unserer Gotteserkenntnis zurückblicken, so könnten wir den Eindruck gewinnen: Das kann ich alles für mich allein; das könnte ich auf einer einsamen Insel tun, vorausgesetzt, ich habe Augen im Kopf und überdies eine Bibel zur Hand. Der Gottesdienst dagegen stößt uns darauf, dass Gott nicht nur jedem Einzelnen, sondern uns allen zusammen nahe ist. Die Glaubenden bilden, wie erst wieder das Zweite Vatikanische Konzil eingeschärft hat, das »Volk Gottes«, und als solches hat Gott die Glaubenden gerufen, in ihm sucht er den Einzelnen. Mit dem Titel eines Meditationsbuches von Rainer Ruß aus dem Jahr 1976 gesagt: »Keiner glaubt für sich allein«. Zum *ganzen* Glauben, der im Gottesdienst zum Ausdruck kommt und Gott begegnet, gehört immer die Gemeinschaft. Wohlgemerkt: Nicht nur die kleine Gruppe, in der ich mich jedem gleich verbunden, von jedem angezogen fühle, sondern auch die große Gemeinschaft derer, mit denen mich oft gefühlsmäßig gar nichts verbindet und die doch der Lebensraum sind, in den Gott jeden Einzelnen hineingeführt hat, die Aufgabe, die jedem Einzelnen zu seinem Teil gestellt ist. Der Gott des christlichen Glaubens ist kein Gott der Individualisten – *deshalb* genügt es nicht, »im stillen Kämmerlein« zu beten; *deswegen* ist es gut, zum Gottesdienst zu gehen, auch wenn das nicht immer das »große Erlebnis« werden kann.

Noch eine andere Wahrheit über Gott wird uns durch den Gottesdienst nahegebracht: Die Botschaft von Gott ist eine öffentliche Sache. Die Kirchentüren sind offen. Jeder, ob Glaubender oder Ungläubiger, kann hereinkommen und in Erfahrung bringen, was die Christen glauben und was sie von Gott erhoffen. Der ganze Gottesdienst, nicht etwa nur die Lesungen und die Predigt, ist auf diese Weise Verkündigung – Verkündigung des ganzen Glaubens! Das hat eine unangenehme Konsequenz: Jeder kann die Christen daraufhin kontrollieren, ob sie das im Alltag verwirklichen, was sie, in sonntäglicher Haltung, fern dem Werktag, im Gottesdienst bekennen. Wehe, wenn Gottesdienst und Leben auseinanderfallen! Der Gottesdienst als eine öffentliche Sache sorgt so für eine heilsame »Sozialkontrolle« der Christen durch die Welt. Der ganze Glaube, öffentlich in der Gemeinschaft – dann darf aber auch nicht die Freude fehlen, die in der Botschaft Jesu von Gott so wichtig ist. Macht der durchschnittliche Sonntagsgottesdienst den Eindruck eines Freudenfestes? Kaum! Wenn hier wirklich *Gotteserkenntnis* geschehen soll, dann müsste sich daran eigentlich etwas ändern.

14. Kapitel

Können wir ohne die Kirche Gott erkennen?

»Gott: ja – Kirche: nein!« »Jesus Christus: ja – Kirche: nein!« Solche Parolen hört man heute – und nicht erst heute – nicht selten. Die dahinterstehende Frage, ob man nicht außerhalb der Kirche Christ sein könne, ist inzwischen sogar in einer Reihe ernsthafter theologischer Bücher behandelt worden, die über den Verdacht erhaben sind, nur einer Mode nachzulaufen. Man braucht gar nicht böswillig oder ungerecht zu sein, um festzustellen, dass heute viele Menschen – nicht nur in der katholischen Kirche – enttäuschende, ja bittere Erfahrungen mit der Kirche und in ihr besonders mit denen machen, die die Kirche als Amtsträger »repräsentieren«. Kann man sich wirklich nicht die Kirche »ersparen«, wenn man Christ sein will? Wäre das nicht sogar ein Gewinn, für all den Ärger mit dem »Bodenpersonal Gottes« keine Kraft mehr aufwenden zu müssen, dafür aber umso ernsthafter sich dem zuwenden zu können, was Christsein »eigentlich« ausmacht: Glaube an Gott, Liebe zum Nächsten?

Wer könnte solche Stimmungen nicht nachempfinden! Und doch müssen uns zwei ganz nüchterne Überlegungen zu denken geben. Die erste geht schon aus dem vorausgehenden Kapitel hervor. Gott ist kein Gott für Individualisten. Und es ist nur eine geringfügige Abwandlung dieses Satzes, wenn wir hinzufügen: Gott ist kein Gott der spontanen »Kleingruppen«. Wäre es nicht krasser Egoismus, alles gern in Empfang nehmen zu wollen, was Gottes Liebe uns in Jesus Christus, im Evangelium schenkt, uns aber zu verweigern, wenn er uns darauf aufmerksam macht, dass er auch *alle* anderen Menschen liebt und wir darum ihn nicht lieben können, wenn wir nicht den Nächsten lieben? Wenn wir stolz und aburteilend an »der Kirche«, und das heißt ja:

an unseren Mitchristen, ob mit oder ohne kirchliches Amt, vorübergehen und uns selbst vorbehalten, ob und in welcher Weise wir zu ihnen Kontakt aufnehmen – geraten wir dann nicht in bedrohliche Nähe zu dem erbarmungslosen Knecht, der, wie Jesus im Gleichnis erzählt, selbst von seinem Herrn eine wahnwitzige Schuldensumme erlassen bekommt, seinen Mitknecht aber wegen einer Kleinigkeit ins Schuldgefängnis bringt (Mt 18,23–35)?

Die andere Überlegung ist noch nüchterner. Gäbe es keine Kirche – gäbe es nicht diese schuldbeladene und oft so enttäuschende Kirche –, wir hätten keine Möglichkeit, in die nächste Buchhandlung zu gehen, uns ein Neues Testament zu kaufen, um, darauf gestützt, ohne Kirche Christen zu werden. Nur weil es die Kirche gab, hat man es für notwendig befunden, die Botschaft von Jesus Christus nicht nur mündlich weiter zu überliefern, sondern auch aufzuschreiben. Nur weil schon in den ersten christlichen Generationen Apostel und Gemeindeleiter keinen Konflikt gescheut haben, um Anhänger abweichender Meinungen nicht etwa »zum Dialog einzuladen«, sondern geradezu erbarmungslos wegen Irrlehre zu verdammen (lesen Sie einmal Gal 1,6–9; Phil 3,2; 1 Joh 2,18–23; 4,1–3), haben wir heute ein »Neues Testament«, das uns die grundlegende Urkunde des Glaubens überliefert und nicht alle möglichen fantasievollen Ergüsse christlicher Schriftsteller, die es in den ersten Zeiten der Kirche auch gegeben hat. Die Spannung, die darin liegt, dass die Kirche einerseits den Gott unendlicher Liebe zu verkünden hat, sich dabei aber auch in Konflikte verstrickt, in denen die Sache Gottes und menschlich-allzumenschliches Temperament nicht auseinanderzuhalten sind, kann gewiss niemand bestreiten. Wie viel sie dabei an Glaubwürdigkeit und damit an Attraktivität ihrer Botschaft von Jahrhundert zu Jahrhundert immer wieder verspielt hat, kann man nur mutmaßen und demütig eingestehen. Und doch: Nur durch diese Kirche, zu deren Unglaubwürdigkeit wir alle unser gerütteltes Maß beitragen, geht die Sache Gottes in der Welt weiter, wird die Nachricht von seiner unbegreiflichen Liebe zu den Menschen weitergesagt, werden die Menschen zum Glauben an diesen Gott eingeladen.

Es ist also, lange vor aller gelehrten Theologie, eine nüchterne Tatsachenfeststellung: Ohne die Kirche gibt es keine Erkenntnis Gottes. Jedenfalls keine Erkenntnis des Gottes, von dem der biblisch-christliche Glaube redet. Die Frage ist nun wieder: Welche Eigentümlichkeit »unseres« Gottes kommt auf diese Weise für unser Erkennen zum Vorschein?

Die Antwort ist ebenso nüchtern und für viele wieder einmal ärgerlich. Gott will sich auf keinem anderen Wege als durch Menschen kundmachen. Es ist dies ein wesentliches Stück seiner »Ohnmacht«, mit der er in der Welt gegenwärtig sein wollte. Es ist ein Stück der Selbstauslieferung, die sein Wille ist, als er sich uns offenbarte. Es ist, mit den Worten des Apostels Paulus gesagt, ein Stück »Torheit des Kreuzes« (1 Kor 1,23). Es ist ein Stück der weitergehenden »kleinen Welt«, in der die Nähe Gottes in Jesus Christus greifbar geworden ist. Er *will* immer nur so »groß« sein unter den Menschen, wie die Menschen ihn »groß« sein lassen – und damit ist es oft nicht weit her. Doch selbst für den Tag der Vollendung aller Dinge, für das ewige Leben erwartet der Christ nicht, dass Gott dieses Gesetz seiner »Menschlichkeit« durchbricht. Auch dann wird Gott durch die Menschen hindurch die erlöste Welt schaffen, indem er »alles in allem« ist (1 Kor 15,28). Nicht Gott wird sich dann ändern, die Menschen werden sich geändert haben – und Gott endgültig keinen Widerstand mehr entgegensetzen.

Fragen wir einmal umgekehrt zurück: Was wäre, wenn Gott es auf diese »Menschlichkeit« seiner Selbstkundgabe *nicht* ankommen ließe? Vielleicht wäre unsere Gotteserkenntnis deutlicher, weniger von Zweifeln geplagt. Aber könnte dieser Gott noch unser Vater, unser Freund, könnte er noch in Jesus Christus unser Bruder sein? Und ist nicht dies die eigentliche Spitze, ja, sagen wir ohne Scheu: der große Trost unserer Gotteserkenntnis im Glauben, dass Gott sich auf einen gemeinsamen Boden mit uns Menschen gestellt hat?

Wer also die Kirche liebt und sich trotz aller Enttäuschungen nicht von ihr trennen lässt, der allein erkennt jenen Gott, vor dem wir nicht erschrecken sollen, den wir vielmehr lieben dürfen.

15. Kapitel

Ist Gott in uns?

Es liegt dem christlichen Glauben gewissermaßen im Blut, die Trennlinie zwischen Schöpfer und Geschöpf, zwischen Gott und Mensch, zwischen Welt und »Jenseits« scharf zu halten. Zu sehr ist der Christ davon durchdrungen, wie unerwartet, unverdient und über alle Vorstellungen hinaus Gott den Menschen nahegekommen ist, als dass er der Versuchung erliegen könnte, das alles für ein Stück »natürliche Ausstattung« seines Lebens zu halten, einklagbar wie ein Rechtsanspruch. Daher hat die christliche Kirche und Theologie immer besonders allergisch gegen Tendenzen reagiert, die wir mit dem Fremdwort »Pantheismus« bezeichnen. Gemeint ist eine Denkrichtung, eine philosophische Theorie oder auch nur eine allgemeine »Stimmung«, in der Gott und Mensch, Gott und Welt zusammengeworfen werden und miteinander verschmelzen. Die Welt als Ganze, das Universum ist Gott. Die Folge: Ich selbst bin ein Teil von Gott. Ich selbst, der Mensch, bin göttlich. Kein Zweifel, dass dies dem biblischen Zeugnis vom »Gegenüber« von Gott und Mensch widerspricht.

Nun kann die Kirche aber auch aus lauter Sorge um die Grenzlinie zwischen Schöpfer und Geschöpf des Guten zuviel tun. Und sie hat es auch getan. Sie sagt die zahlreichen Texte der Heiligen Schrift, die davon sprechen, dass Gott »in uns« ist, nur leise weiter oder unterschlägt sie fast ganz. Die Folge: Solche Gedanken werden außerhalb des kirchlichen Christentums fruchtbar, vor allem bei den Künstlern, die – damit tut man niemandem Unrecht – häufig aufgrund ihrer ganzmenschlichen, nicht so einseitig verstandesmäßigen Art, mit den Dingen umzugehen, zu Gedanken neigen, die kirchlicherseits als »pantheistisch« verdächtigt werden.

So ist es an der Zeit, auch dies zu betonen: Gott ist in uns. *Wir selbst sind ein Ort, wo Gott zu erkennen ist.*

Der schönste Satz des Neuen Testamentes über »Gott in uns« steht 1 Kor 3,16–17: »Wisst ihr nicht, dass ihr Gottes Tempel seid und Gottes Geist in euch wohnt? Wer immer Gottes Tempel vernichtet, den wird Gott vernichten! Denn Gottes Tempel ist heilig – und der seid ihr.« Aber es gibt solcher Texte noch mehr. Mehrfach hören wir, dass Gottes Geist in uns wohnt (Röm 8,9.11); dass »Christus in euch (ist), die Hoffnung auf die Herrlichkeit« (Kol 1,27). Und in den Abschiedsreden Jesu nach dem Johannesevangelium erklärt Jesus feierlich: »Wenn jemand mich liebt, wird er mein Wort bewahren; so wird mein Vater ihn lieben, und wir werden zu ihm kommen und bei ihm Wohnung nehmen« (Joh 14,23).

»Pantheistisch« soll das also nicht verstanden werden. Auch nicht als irgendeine unklare »mystische Einheit« des Menschen mit Gott. Und soweit es dabei um Erlebnis und Gefühl geht, haben wir früher schon das Notwendige gesagt (vergleiche das 8. Kapitel). Anderseits kann es doch auch wohl nicht genügen, die zitierten und andere ähnliche Sätze der Heiligen Schrift nur als Ausdruck der Allgegenwart Gottes in seiner Schöpfung zu verstehen, sozusagen nur als »Spezialfall« der Wahrheit, dass Gott in allen Dingen ist. Was also heißt es: Gott ist in uns?

Es fällt auf, dass die Heilige Schrift die Gegenwart Gottes in uns mit einem bestimmten Verhalten zusammensieht. Man darf den Menschen nicht »vernichten«, weil er Tempel Gottes ist. Weil Christus in ihm ist, hat der Mensch Hoffnung. Der Vater und der Sohn »nehmen Wohnung« im Menschen, weil dieser den Vater liebt und das Wort Jesu bewahrt. Also keine verquere Mystik, sondern *ein neuer Mensch* – darin besteht die Gegenwart Gottes im Glaubenden, darin erweist sie sich.

Das unterstreichen besonders die vielen Texte, die uns sagen, dass der Geist Gottes in uns ist, uns ergriffen hat, uns treibt, in uns herrscht. Wo im Neuen Testament vom Heiligen Geist die Rede ist, geht es immer um unsere »Heiligung«. Und auch das ist nicht etwas Außergewöhnliches, Seltenes, was uns darum nichts anginge. Es bedeutet, dass der Glaube sich in ein neues Verhalten zur Welt und zum Mitmenschen, in ein neues Handeln »umsetzt«. Die Sache bekommt dadurch einen geradezu furchtbaren Ernst, aber sie stimmt wieder eigenartig mit dem zusammen, was wir schon sagten: Am Menschen und durch den Menschen soll zutage treten, wer Gott ist und wie er ist. Gott ist in uns, das heißt: Jeder Mensch ist gleichsam ein Prospekt Gottes, anhand dessen sich die Mitmenschen ein Bild machen sollen, was sie erwartet, wenn sie Gott begegnen. Prospekte haben es an sich, dass sie meist besser sind oder etwas Besseres vorgaukeln als die Wirklichkeit. Beim Menschen als Prospekt Gottes ist es umgekehrt. Er untertreibt die Wirklichkeit gewaltig. Aber es ist uns zugetraut und zugemutet, ein immer besserer Prospekt Gottes zu werden. Gott in uns: Dieser Satz bezeichnet nichts Geringeres als die Türangel zwischen Gotteserkenntnis und Ethik.

Wir können wiederum nach dem Besonderen fragen, das über Gott bei der Gotteserkenntnis in uns selbst deutlich wird. Etwas sehr Wichtiges wird deutlich: Gotteserkenntnis, Gottbegegnung macht »ganz«, macht »heil«, verleiht, wie man heute gern sagt, dem Menschen seine »Identität«. Und dies genau aus dem Grund, weil er seinen alles sammelnden Mittelpunkt nun nicht mehr in sich selbst hat, sondern »außerhalb von sich«, in Gott, der aber zugleich in ihm ist. Wer seine Mitte nur in sich selbst sucht, ist stets gefährdet, aus dem Gleichgewicht zu geraten. Er muss beständig ängstlich darüber wachen, sich zu bewahren, sich selbst, wie man gern sagt, »treu zu bleiben«. Der Glaubende kann solche Sorgen vergessen. Weil Gott »in ihm« ist, hat er einen Mittelpunkt, der Gleichgewichtsstörungen verhindert.

Der heilige Augustinus (354–430) hat dafür einmal das schöne Bild geprägt: Anstelle der Last der Selbstsucht, die in

Wahrheit nicht die Dinge zum Menschen, sondern den Menschen zu den Dingen hinzieht, empfängt der Glaubende das neue Schwergewicht der Liebe. Liebe zieht selbstvergessen »nach außen«, zu Gott, zum Mitmenschen. Aber jeder, der es erlebt hat, weiß: Nie ist der Mensch mehr bei sich selbst, als wenn er sich in der Liebe vergisst.

Dass solches in allumfassender Weise auch in der Begegnung mit Gott geschieht und für die Mitmenschen sichtbar wird, ist der besondere Sinn des Satzes: Gott ist in uns.

16. Kapitel

Können wir Gott im Mitmenschen erkennen?

Auf dem Höhepunkt des Vietnam-Krieges befragte eine deutsche Zeitung »prominente« Persönlichkeiten aus Politik und Wissenschaft, was sie sich unter »Gott« vorstellen. Die schon mehrfach erwähnte evangelische Theologin Dorothee Sölle, die immer für eine provozierende Formulierung gut war, gab seinerzeit, mitten zwischen den wohlgesetzten Auskünften der anderen »Prominenten«, eine herausfordernde Antwort: Gott sieht man, erläuterte sie, wenn man ein geschundenes und verlassenes Kind auf dem vietnamesischen Kriegsschauplatz ansieht.

»Wie einseitig!«, möchte man zunächst abwehren. Und in der Tat: *Jeder* Mensch ist Ebenbild Gottes (Gen 1,27–28). In *jedem* Menschen kann man daher Gott erkennen – ohnehin nur mit dem Blick des Glaubens. Aber nun ist es eine alte Erfahrung des Menschen: Solange etwas normal verläuft, bleibt auch das eigentlich Auffällige unauffällig und unbemerkt. Das tägliche Sonnenlicht erregt nicht unsere Aufmerksamkeit, wir sind es gewohnt, es ist uns selbstverständlich. Tritt aber eine Sonnenfinsternis ein, dann merken wir plötzlich, dass es auch anders sein könnte. Wir wissen, dass manche sogenannten »Naturvölker«, die die astronomischen Zusammenhänge einer Sonnenfinsternis nicht kennen, dabei in wilde Panik geraten können. Und wir selber haben uns alle schon einmal die merkwürdige Beklommenheit eingestehen müssen, die uns regelrecht aufatmen lässt, wenn eine Sonnenfinsternis wieder vorbei ist.

So lässt uns an sich jeder Mensch Gott erkennen. Denn seitdem Gott in seinem menschgewordenen Sohn Jesus Christus unser Bruder geworden ist, seitdem wir also, mit den Worten der Schrift gesagt, »Kinder« Gottes sind,

»Söhne« (und Töchter) Gottes, ja »Miterben« mit Christus (Gal 3,26–4,7), sind wir alle sozusagen »Verwandtschaft« Gottes, und wenn man Verwandte kennt, kann man daraus einen Rückschluss auf die Eigenart einer »Sippe« und des »Sippenhauptes« ziehen.

Aber, wie gesagt, das Normale ist zu normal, als dass wir es immer aufmerksam genug sehen. Weist uns nun aber jemand auf den nicht »normalen«, sondern auf den unglücklichen, den leidenden, den geschundenen Menschen, um uns zu sagen: »Da, sieh die Verwandten Gottes«, dann erschrecken wir. Und doch, dürfen wir denn verdrängen, was wir in der »großen Gerichtsrede« (Mt 25,31–46) lesen: Mit Christus selbst haben wir nicht zu tun, wenn wir den Glücklichen, sondern: wenn wir den Leidenden unsere Liebe zuwenden – die Hungernden und Dürstenden ernähren, die Nackten bekleiden, die Kranken versorgen, die Obdachlosen beherbergen, uns um die Gefangenen kümmern. Dürfen wir vergessen, dass den Armen und Elenden, den, modern gesagt, »Unterprivilegierten«, den Verfolgten das Reich Gottes gehört (Lk 6,20–23), den Reichen, den Lachenden, den Satten, den Glücklichen das Reich Gottes aber verschlossen bleibt (Lk 6,24–26; Mk 10,17–27)? Dürfen wir vergessen, dass die *Last* des anderen zu tragen Erfüllung des »Gesetzes Christi« ist – und nicht, an seinem Glück teilzuhaben (Gal 6,2)? Können wir denn übersehen, dass Gott die ganze Unbegreiflichkeit seiner Liebe zu uns Menschen am *Kreuz*, im Leiden und Tod seines Sohnes offenbart hat?

Es ist schon so: Die Leidenden und die Armen sind die »privilegierten« Verwandten Gottes. In *allen* Mitmenschen können wir Gott erkennen, sein Verhältnis zu uns, seine Liebe zu uns – wenn wir sie nur mit dem Blick des Glaubens anschauen. Aber in den Leidenden erkennen wir ihn mit Vorzug.

Und so ergibt sich wieder das Besondere der Gotteserkenntnis in den Mitmenschen. Wir erkennen in ihnen sozusagen Gottes »Fantasie«. Jeder Mensch ist eine Welt für sich, auch der Unscheinbare, der ja nur deswegen »unscheinbar« ist, weil das, was er wirklich vorzuweisen hat, zufällig oder infolge menschlicher Dummheit gerade nicht auf die Aufmerksamkeit und die Wertschätzung der Zeitgenossen stößt. Welch eine »Fantasie«, man möchte fast sagen: welch eine unerschöpfliche künstlerische Gestaltungskraft, sich so viele Menschen und das heißt: so viele einmalige Welten auszudenken! Der Blick auf den Mitmenschen ergänzt und vollendet auf diese Weise, was wir von der Macht Gottes auch in der äußeren Natur entdecken können. Aber: Wollen wir die ganze Eigenart und das *Ausmaß* dieser Vorstellungskraft Gottes erkennen, müssen wir auf die Leidenden schauen. Welch rätselhafte Liebe, gerade denen den Vorzug vor allen zu geben!

Die Sache hat aber, mit vollem Recht, auch ihre erschreckende Kehrseite. Mit welcher »Fantasie« können die Menschen die Fantasie Gottes durchkreuzen, indem sie menschliches Leiden hinnehmen, ja selbst verursachen und diese Menschen dadurch daran hindern, das zu sein und darzustellen, was sie nach der Fantasie Gottes sein könnten und sollten. In den Leidenden offenbart sich darum Gott auch im Widerspiel der Sünde. Und wiederum zeigt sich, wie im vorausgehenden Kapitel, eine Türangel zwischen Gotteserkenntnis und Ethik. Im Leiden der Mitmenschen Gott erkennen und nichts gegen dieses Leiden tun – das heißt Gottes Offenbarung im Mitmenschen missbrauchen. Es heißt das Kreuz zum bloßen Wandschmuck verkommen lassen.

17. Kapitel

Begegnet uns Gott auf der Straße?

Welcher moderne Christ hätte noch nie diese Glaubensanfechtung erlebt: Wir gehen durch die Straßen einer Großstadt, sehen ihr pulsierendes Leben an uns vorüberziehen: die neuesten Automodelle, die lärmenden Motorräder, die U- und S-Bahnen, die Omnibusse, wir sehen die Leuchtreklame und das nervöse Treiben in den Geschäften, wir gehen an den Hochhäusern vorüber, freuen uns über stehengebliebene oder inzwischen neu angepflanzte Bäume und Grünanlagen, und plötzlich hören wir eine innere Stimme: Lass doch die ganzen komplizierten, auf Stelzen gehenden Weltdeutungen des Glaubens einmal herzhaft fahren. Lass die Welt und die Menschen einmal sein, was sie sind: Welt und Menschen, deren Leben auch ohne Gott vernünftig funktioniert, soweit man nur Vernunft walten lässt. Wer hätte noch nicht vor einem Verkehrsunfall, einem Firmengelände, einem Hauptbahnhof, einem Fernsehturm, einer modernen Universität gestanden und es als peinlich empfunden, in vollem Ernst das Wort »Gott« zu sprechen?

Es ist, das muss deutlich gesagt werden, uns möglich und erlaubt, auch in der Erfahrung der modernen Welt und ihrer Verlockungen, ihrer Selbstgenügsamkeit, ihres im strengen Sinne »gott-losen« Funktionierens den Glauben an die gründende und sinngebende Macht Gottes durchzuhalten. Aber welcher Großangriff des Herzens auf die Welt des Augenscheins, welcher Generaleinwand gegen die Welt des »machenden« Menschen ist dazu nötig! Nirgendwo kann man die »Weltfremdheit«, die »Unangepasstheit« des Gottesglaubens besser sich ins Bewusstsein bringen als durch einen hellwachen Gang auf die Straße, ins »atheistische« Leben der »Stadt ohne Gott« (Harvey Cox). So gesehen, ist der christliche Glaube immer eine Protesthaltung, eine Ge-

genbewegung gegen das sogenannte Selbstverständliche, eine ständige störende Rückfrage, ein ständiges »Halt mal!«, das dem sogenannten modernen Menschen zugerufen werden muss. Und dabei sind wir doch selbst solche modernen Menschen, wir selbst fahren Auto, benutzen U- und S-Bahnen, gehen in Geschäfte und bewohnen Hochhäuser. Den Protest müssen wir uns regelrecht selber zurufen.

So weit, so schlecht! Aber eine unangenehme Gegenfrage: Wollen wir zurück in einen Zustand, den wir gemeinhin als »Mittelalter« bezeichnen? Wollen wir zurück in eine totale Einheit von Glaube und gesellschaftlichem Leben, von weltlichem und religiösem Bereich, von Kirche und Staat? Wollen wir groß angelegte und gut vorbereitete Krisenmaßnahmen bei einer Unwetterkatastrophe etwa wie in alten Zeiten durch Prozessionen ersetzen? – Womit keineswegs etwas gegen Bittprozessionen gesagt sein soll. Wollen wir, dass unsere staatlichen Autoritäten sich bei ihren Entscheidungen wieder den Segen der Priester und Bischöfe holen müssen oder auch verweigert bekommen? Erschreckt uns nicht die heutige Situation in manchen islamischen Ländern auch deswegen so sehr, weil wir wissen, dass es im mittelalterlichen Abendland im Verhältnis zwischen Kirche und Staat einmal ganz ähnlich aussah?

Wir sprechen auch heute noch gelegentlich davon, Aufgabe des Christen sei es, die Welt zu »verchristlichen«, die Welt »mit dem Geist Christi« zu durchdringen, die Welt zum »Reiche Gottes« zu machen. Aber wir alle sind ohne lange Beweise davon überzeugt: So, wie eben angedeutet, dürfte das nicht aussehen. Das heißt nicht, »die Kirche« – also auch ihre Amtsträger und Autoritäten – sollte sich nicht in die manchmal leidenschaftliche Diskussion um die richtige und menschenwürdige Gestaltung unseres gesellschaftlichen und staatlichen Lebens einschalten. Das hat auch Papst Benedikt XVI. mit dem umstrittenen Begriff der »Entweltlichung« der Kirche in der Freiburger Rede 2011 gerade nicht gemeint. Aber die Kirche soll ihren Beitrag im freien, auf Gründe und nicht auf Macht gestützten Disput leisten und dabei die Welt Welt sein lassen.

Wir alle empfinden darum die »weltliche«, die »säkulare« Welt letztlich als wohltuend, auch mit den Anstrengungen, die sie für unseren Glauben bedeutet. Und wir empfinden es als peinlich, dass die Kirche die »verchristlichte« Welt, die »verkirchlichte« Einheitswelt des Mittelalters so lange verteidigt, so schwer hinter sich gelassen hat. Es bleibt daher auch immer ein Rest von Unglaubwürdigkeit, wenn die Kirche heute eingesteht, dazugelernt zu haben und die »relative Autonomie«, die »Selbstbestimmung« der Welt in deren eigenem Bereich anerkennt – am deutlichsten und überraschendsten in der Pastoralkonstitution »Über die Kirche in der Welt von heute« auf dem Zweiten Vatikanischen Konzil.

Welche Besonderheit ergibt sich aus diesen Erfahrungen, die alle Christen heute machen, für unsere Gotteserkenntnis? Ich möchte einen etwas riskanten Gedanken aussprechen. Die mit Absicht, »methodisch« und »praktisch«, gottlose Welt der Straße (vergleiche oben das 5. Kapitel) kann uns immer neu klarmachen, dass Gott größer ist als unsere Gedanken. Wo die Einheit und Durchdringung von Kirche und Welt zu stark werden, wo die Welt durch den übermächtigen Einfluss der Kirche und ihrer Institutionen zu sehr eine »christliche« Welt wird, ein »christlicher« Staat, eine »christliche« Gesellschaft, da hat es die Kirche zunächst gewiss leichter, ihre Botschaft den Menschen nahezubringen, erzieherisch auf die Menschen einzuwirken, ihren sittlichen Grundsätzen und Überzeugungen allgemeine Geltung zu verschaffen. Deshalb ist es verständlich, wenn vor allem die höheren Autoritäten der Kirche eine solche Situation nach Kräften zu verteidigen suchen und sehr erschreckt sind, wenn nichtchristliche Bürger im Namen ihrer unveräußerlichen Gewissensfreiheit sich gegen gesellschaftlich und staatlich aufgezwungene kirchliche Normen und Überzeugungen wehren.

Trotzdem, in einer solchen »christlichen« Welt wird auf die Dauer die Luft stickig. Man hat – selbst wenn man Christ ist – dann oft das Empfinden, in einem »neutralen«, ja »atheistischen« Staat besser atmen zu können.

Da ist es denn heilsam, sich durch die »weltliche« Welt daran erinnern zu lassen, dass Gott größer ist – nicht nur als unsere Gedanken, sondern auch als die Lebensformen, in denen wir den Glauben an ihn oft eher einzwängen als freilassen. Man kann das sogar »theologisch« gut begründen. Jede konkrete, kirchliche Lebensform des Glaubens ist ebenso eine Eingrenzung der Unendlichkeit Gottes in unsere menschlichen Maße und Möglichkeiten, wie ein bestimmter Begriff, ein bestimmter Gedanke Gott eingrenzt, auch wenn er Wahrheit über ihn sagt. Darum darf man aus demselben Grunde weder einen Gedanken über Gott absolut setzen noch eine Lebensform, in der der Glaube an ihn konkret zum Ausdruck kommt. Genau dies aber tut, gewollt oder ungewollt, eine feste »verkirchlichte« Welt, die den Unterschied zwischen Welt und Kirche faktisch aufhebt. Die Unbegreiflichkeit Gottes muss hier konkret werden. Die gottlose, ja sogar gegen die Kirche antretende Welt kann dann – entgegen ihrer Absicht – oft von Gott das zur Geltung bringen, was im »kirchlichen Milieu« verschüttet bleiben muss. Die Kirche hat das oft genug in ihrer Geschichte erfahren müssen und sich den Vorwurf eingehandelt, sie renne immer wie ein Hund mit heraushängender Zunge hinter der Zeit her (Kurt Tucholsky).

Die »christliche Welt« ist zuweilen wie ein Wohnzimmer mit Harmonium. Aber Gott hat den Lobpreis seiner Schöpfung nicht an Harmoniumklänge in der christlichen »guten Stube« gebunden.

18. Kapitel

Macht die Technik gottlos?

»Was ist die großartigste Maschine gegen die von selbst wachsende Pracht eines Veilchens!« Diesen Satz hörte ich einmal im Vortrag eines Theologen über »Der Christ und die Technik«. Der Satz ist christlicher Kitsch. Er ist außerdem unwahrhaftig – denn der Vortragsredner hat gewiss am selben Abend auch noch einmal das Telefon benutzt, ist vielleicht mit einer S-Bahn nach Hause gefahren oder hat die Nachrichten im Fernsehen angeschaut. Tatsache ist: Ohne den ungeheuren technischen Fortschritt der letzten beiden Jahrhunderte, der auf dem ebenso ungeheuren Fortschritt naturwissenschaftlicher Erkenntnis beruht, könnten wir, könnte die Menschheit heute nicht überleben. Wahrscheinlich wird heute kein Theologe mehr solch einen Satz formulieren. Soll denn am Ende durch das Ausspielen der Blume auf der Wiese gegen die technische Zivilisation die immer noch nicht gänzlich abgeklungene Scheu mancher Christen, insbesondere mancher Katholiken vor naturwissenschaftlichen und technischen Berufen weiter genährt werden?

Aber macht der tagtägliche Umgang mit technischen Apparaten, macht nicht besonders die Erfindung und Konstruktion immer neuer, immer technisch ausgefeilterer Geräte, wie es die Aufgabe vieler technischer Berufe ist, gottlos im Denken, Fühlen und Handeln? Der Naturwissenschaftler im strengen Sinn hat immerhin dies noch mit der Philosophie im alten Verständnis gemeinsam, dass er hauptsächlich Zusammenhänge *verstehen,* also schauen und staunen will. Wenn sich aber die praktische Intelligenz des Technikers dieser Erkenntnisse des Naturwissenschaftlers bemächtigt und »etwas daraus macht«, führt das nicht zwangsläufig am Ende zu jenem typischen Machtwahn des modernen Menschen, der sich letztlich alles zutraut, der selbst die künstliche Erzeugung von (menschlichem!) Leben nur noch für eine Frage der Zeit hält? Und ist dieser Machtwahn nicht die unmittelbare Voraussetzung für die entschiedene Absage an Gott und den Glauben?

Nun wird in der christlichen Theologie – in der evangelischen ebenso wie in der katholischen – schon seit Jahrzehnten ernsthaft die Frage diskutiert, ob die Technik und die Naturwissenschaft als deren Voraussetzung nicht sachlich und auch geschichtlich eine Folge des christlichen Glaubens seien. Ist es Zufall, dass Naturwissenschaft und Technik in Europa und Nordamerika, also im Einflussbereich des christlichen Glaubens, entstanden? Jedenfalls hat keiner größere Freiheit zu dem Versuch technischer Weltbewältigung als der Christ. Denn der christliche Glaube bricht mit der Vorstellung, dass die Natur voll von gottheitlichen Wesen und darum, von der Arbeit des Bauern abgesehen, unantastbar sei. Undenkbar, dass es unter dem Einfluss des christlichen Glaubens heilige Kühe, heilige Flüsse, heilige Haine, heilige Quellen und dergleichen gibt, wie es im Bereich anderer Religionen gang und gäbe ist! Und die »heiligen Berge«, die es in der Bibel und in der Christenheit allerdings gibt, sind nicht in sich selbst »heilig«, sondern weil die *Menschen* dahin pilgern, um Gottesdienst zu halten.

Gott ist der *Schöpfer* und *Grund* der Welt und darum ist die Welt nur Welt, das heißt: *nicht*-göttliche, *außer*-göttliche Wirklichkeit. Die »entgötterte« Welt ist darum dem Menschen zur Bearbeitung freigegeben, sie darf mit vollem Recht die »vermenschlichte«, die »hominisierte« Welt werden.

Diese Auffassung hat man erst mit Triumph vertreten – endlich hatte die christliche Theologie nach Jahrhunderten des Misstrauens nun von der Mitte des Glaubens her ein positives Verhältnis zu Naturwissenschaft und Technik gewonnen. Inzwischen ist dieselbe Auffassung, deren Wahrheitsgehalt gar nicht bestritten wird, eher zum Einwand gegen den christlichen Glauben geworden. Liefert dann nicht der christliche Glaube die stärkste »ideologische« Rechtfertigung für die Ausplünderung unseres Planeten, für ungebremstes, dem Menschen nicht mehr dienendes Wachstum, für eine Entwicklung, die nur in der Zerstörung unserer natürlichen Lebensbedingungen enden kann? Schon hat man von den »gnadenlosen Folgen des Christentums« gesprochen (Carl Amery, Das Ende der Vorsehung. Die gnadenlosen Folgen des Christentums, 1972). Schon mussten sich christliche Theologen beeilen, klarzustellen, dass die Sätze der Bibel und die Grundüberzeugungen des Glaubens, auf die man sich hier beruft, missverstanden und missbraucht wurden. Schon sehen sich Christen und christliche Theologen um ihres Glaubens willen verpflichtet, politische Bewegungen zu unterstützen, die den verderblichen Tendenzen moderner Technik Einhalt gebieten wollen. Der tiefe Zwiespalt, in den Christen sich durch solche Probleme gestürzt sehen, ist sehr ernst zu nehmen.

Dennoch: Wer einmal aufmerksam Gen 1,26–31 oder Ps 8 liest und darüber nachdenkt, der macht eine eigentümliche Feststellung. Der Mensch ist »Ebenbild Gottes«, der Mensch ist »nur ein klein wenig unter Gott gestellt«, weil auch er *Macht* hat wie Gott selbst. Zwar sind wir gewohnt, die Ebenbildlichkeit des Menschen zu Gott in seinem *Geist* zu sehen. Nehmen wir zur Kenntnis, dass die Bibel das nicht tut. Hier ist die Macht des Menschen der Vergleichspunkt.

Daraus folgt: Es kann nicht eine Art Aufstand gegen Gott sein, wenn der Mensch seine Macht ausübt; wenn er seine Herrschaft über die Schöpfung wahrnimmt – und das tut er, indem er nicht abwartet, was die Natur ihm »schenkt«, sondern sie so bearbeitet, dass sie ihm dienstbar ist. So spiegelt sich die Macht Gottes nicht nur in der unberührten Natur (von der der Mensch ohnehin nur einen winzigen Ausschnitt bearbeiten kann), sondern auch in den Werken des Menschen, und durchaus auch in seinen technischen Wunderwerken. Das Staunen, das immer ein Weg zu Gott ist, kann man nicht nur lernen im Anblick des Hochgebirges oder der Weite des Meeres, sondern auch vor einem ICE, vor einem Airbus, vor einem Rechenzentrum oder vor den für viele Menschen lebenrettenden Präzisionsapparaten eines modernen Operationssaales. Sicher sind diese Maschinen zum Nutzen des Menschen konstruiert, sie sind nicht zweckfrei. Und doch kann man zweckfrei und ohne Blick auf den Nutzen über sie staunen und sich darauf besinnen, dass der Mensch, der solches geschaffen hat, die Fähigkeiten dazu nicht sich selbst verdankt, sondern dem, dessen Ebenbild er in seiner Macht ist. Nein, die Technik *muss* nicht gottlos machen, wenn der technisch arbeitende Mensch die Quelle seiner Macht nicht vergisst.

Und wiederum kommt dabei etwas Besonderes über Gott heraus, nämlich: Gott fürchtet keinen Konkurrenten. Gott hat keine Angst vor Prometheus, vor dem nach der Sage die griechischen Götter Angst hatten, weil er den Menschen das Feuer gebracht hatte. Auf die Bibel übertragen: Gott selbst hat den Menschen das Feuer gegeben. Wo immer man daher die Macht des Menschen aus dem einzigen Grunde einschränken wollte, weil man besorgt war, er würde sonst Gott zu nahe treten, da hat nicht der Glaube regiert, da war vielmehr ein Rest heidnischen Aberglaubens im Spiel.

Nachdem dies alles hoffentlich deutlich genug gesagt ist, muss zugegeben werden: Es gibt auch einen im Glauben begründeten Widerstand gegen die Technik. Und dieser ist nicht nur eine Frage der inneren Haltung, die damit beantwortet wäre, dass der Mensch über seiner technischen Arbeit Gott nicht vergisst. Er ist auch eine Frage objektiver Sachverhalte, wenn sich nämlich bei bestimmten technischen Produkten oder Errungenschaften die Frage stellt, ob ihr möglicher Segen und ihr wahrscheinlicher Fluch in der Praxis noch hinreichend auseinandergehalten werden können. Wohlgemerkt: Nicht weil die Technik *Gott* gefährlich werden könnte, wohl aber, weil sie unweigerlich dem *Menschen* gefährlich werden kann, kann der Glaube zum Widerstand aufgerufen sein. Denn die Bedrohung des Menschen, das weiß der Glaube, ist immer Aufstand gegen Gott – sogar der »gewöhnliche« Aufstand.

Ich will hier zur Verdeutlichung, und unter dem Vorbehalt, nicht Fachmann und darum jeder besseren Belehrung zugänglich zu sein, einige Hinweise geben, einige Fragen stellen.

Bereits in den 70er-Jahren des 20. Jahrhunderts machten Pressemeldungen die Befürchtung zur Gewissheit, dass in den USA (noch nicht in der Bundesrepublik, aber wie lange noch?) auf der Grundlage der Erbgut-Forschung (Gen-Forschung) leicht handhabbare Testverfahren entwickelt worden sind, denen sich in manchen Firmen alle Bewerber unterziehen müssen, damit man die »besten« und »belastungsfähigsten« aussondern kann. Der fürchterlichste Missbrauch der damit gegebenen Möglichkeiten – vom direkten manipulativen Eingriff in die Erbanlagen ganz zu schweigen – ist hier ohne viel Fantasie vorstellbar. Welcher Mensch, welche Institution kann ihn garantiert verhindern? Die bereits heute existierenden Möglichkeiten der Gen-Forschung werden ein großes Thema bleiben – auch für die Theologie des 21. Jahrhunderts.

Dreistellige Milliardensummen an Dollars/Euro werden in der Welt in jedem Jahr für Waffen ausgegeben (man muss solche Zahlen einmal mit allen Nullen hinschreiben!). Allein die Atomwaffen-Arsenale der Supermächte reichen aus, um die Erde sieben Mal in eine Wüste zu verwandeln. Und es werden immer neue Waffen erst durch die »Forschung« entwickelt und dann mit höchster technischer Präzision produziert. Wem und aus welchem Grunde soll man nun vertrauen, dass diese Waffen nie angewendet werden?

Um auf alltäglichere, uns näherliegende Beispiele zu kommen: Unsere Verwaltung hat inzwischen einen technischen Perfektionsgrad erreicht, der die Frage nach seinem menschlichen Sinn stellt. Kann der Gewinn an Schnelligkeit und Vereinfachung der Abläufe (sofern es wirklich einer ist) es aufwiegen, wenn Formulare für den Durchschnittsbürger nicht mehr zu verstehen sind; wenn alte Leute panische Angst vor Behördengängen haben; wenn Verwaltungspersonal um der Rationalisierung willen nicht mehr für einen ganzen Vorgang, sondern nur noch für bestimmte Elemente eines solchen zuständig ist – zu einer Zeit, wo man in den Fabriken fortschreitend die Fließbandarbeit in Frage gestellt hat?

Ist es zu rechtfertigen, dass in unserer Region der Welt für den Lebenskomfort immer neues technisches Raffinement »erforscht«, »entwickelt« und produziert wird, von der Kosmetik-Industrie bis zur Fernsteuerung der Autotüren und der Rollläden und der immer raffinierteren Nutzung des Internet –, wenn ein Drittel der Menschheit hungert?

Wir wissen, es gibt hier auch »Sachzwänge« – echte und angebliche. Wir können auch gewiss nicht den technischen Fortschritt beliebig an einem bestimmten Punkt »einfrieren«. Man darf es anderseits aber keinem Christen übelnehmen, wenn er heute nicht gerade selten sich gedrängt fühlt zu rufen: »Nun hört einmal auf!« Der technische Fortschritt ist nicht mehr »wertneutral«, er kann einen Punkt erreichen, wo die Gefahr für die Menschlichkeit des Menschen, der die Technik doch dienen soll, *faktisch* nicht mehr beherrschbar ist; wo man darum der Gefahr nur durch Verzicht entgeht. Sollen wir Christen die Aufmerksamkeit auf diese Frage wieder einmal den Kirchenfernen, den Bewegungen für »alternatives Leben« überlassen, die in der Mehrzahl nicht von Christen getragen sind? Sollen wir nach einiger Zeit nur wieder hinterherrennen und ganz unglaubwürdig beteuern, wir hätten das immer schon gewusst?

Niemand weiß doch eigentlich tiefer als der Christ: Die technische Arbeit des Menschen kann zum Gottesdienst, zum volltönenden Lobpreis der Schöpfung werden – aber auch zur »Schwarzen Messe«!

19. Kapitel

Begegnet uns Gott in der Kunst?

»Musik ist höhere Offenbarung als alle Philosophie«, soll Ludwig van Beethoven einmal gesagt haben. Der in seinem Glauben sattelfeste Christ mag denken: Typischer Spruch eines Künstlers, der begreiflicherweise nichts als seine Kunst im Kopf hat. Schon dass er »Philosophie« sagt, wo er doch »korrekt« von »Theologie« oder »Glaubenslehre« hätte sprechen müssen ... Und so quittiert man solche Aussagen herablassend, billigt »mildernde Umstände« zu und legt die Worte nicht auf die Goldwaage.

Aber *warum* kann ein Mensch, ein Künstler auf solche Gedanken verfallen, die Kunst – wozu, wohlgemerkt, ja auch seine eigene gehört – offenbare mehr, als eine philosophische (theologische) Bemühung oder die kirchliche Predigt dem Menschen nahezubringen vermag? *Warum* ist es möglich, dass die Kunst für viele Künstler – jedenfalls nach dem Urteil der Nicht-Künstler und besonders der Theologen – zur »Ersatzreligion« wird? *Warum* verschwimmen ihnen in der Ekstase des künstlerischen Schaffens (oder auch in der nüchternen, handwerklich-sachlichen Ausarbeitung eines künstlerischen Projektes) die Grenzen zwischen Schöpfer und Geschöpf, zwischen Gott und Mensch? *Warum* haben sie »pantheistische« Neigungen? Warum können Künstler am wenigsten etwas anfangen mit einem »dogmatischen« Christentum, das sich an fest formulierter Lehre und an bindenden kirchlichen Normen orientiert?

Ich finde dafür einen einleuchtenden Grund, und der zeigt zugleich, wie wir in der Kunst Gott begegnen können. Dieser Grund ist übrigens ziemlich unabhängig von der Antwort auf die Frage, *was* denn Kunst sei – eine Frage, die wir hier selbstverständlich nicht beantworten können. Kunst und Künstler haben es mit *dem Zweckfreien* zu tun. Sie schaffen ihr Werk nicht, damit man es zu irgendwelchen Zwecken »verwendet«, sondern damit es einfach da sei, sichtbar, hörbar, tastbar, wahrnehmbar. Eine reine Gestaltung und Deutung, »Verdichtung« von Wirklichkeit. Um dies zu erreichen, müssen sie sehr viel Zweckgerichtetes tun, aber das Werk selbst *ist* der Zweck, es *hat* keinen Zweck. Wenn wir es dann wahrnehmen, sehen, betasten, hören, lesen, dann kann es sein, dass es allerhand in uns anrichtet – bis hin zu dem berühmten »kalten Schauer«, den es uns über den Rücken jagt. Es kann uns womöglich in eine ähnliche Ekstase hineinreißen, wie sie der Künstler erlebt hat, als er an seinem Werk arbeitete. Es kann sogar sein, dass der Künstler diese Wirkung vorausgesehen und einkalkuliert hat. Sie ist trotzdem nicht der Zweck des Kunstwerkes. Dies kommt vielmehr allein dadurch zustande, dass der Künstler eine Wirklichkeit wahrnimmt oder fantasiert, die in einem spontanen, schöpferischen Akt eine neue Gestalt gewinnt, der seinen eigenen (aber sehr unterschiedlichen) Gesetzen folgt. »Umsetzung von Wirklichkeit«, so könnte man im Grunde alles künstlerische Schaffen charakterisieren. Offenbar ist das eine urmenschliche Fähigkeit, bei der sowohl der Künstler selbst als auch der, der sich dem Kunstwerk aussetzt, die Frage nach dem »Zweck« gar nicht stellt. Wer sie doch stellt, wer immer wissen will: »Was soll das?«, erweist sich in aller Regel als das, was man einen »Banausen« nennt.

Man wird sagen dürfen, dass solche Überlegungen auch für die sogenannte »engagierte Kunst«, für die Kunst gelten, die eine Absicht verfolgt, etwa aufzurütteln, auf Missstände aufmerksam zu machen, zum Handeln zu mobilisieren. In diesem Sinne ist sogar, im Blick auf die ganze Kunstgeschichte, wahrscheinlich der größere Teil aller Kunstwerke »engagierte« Kunst. Und doch, unterscheidet nicht gerade dies wirkliche Kunst von kunstgewerblicher Gebrauchsware, dass sich mit und unter der oft sehr gezielten Absicht das eine Mal zweckfreie Wirklichkeitsdeutung verbirgt, das andere Mal nicht? Es gibt Kunstwerke aller Kunstgattungen, die in der ganzen Welt als künstlerische Höchstleistungen gewertet werden und ursprünglich »engagierte Kunst« mit sehr gezielter Absicht waren, auch so empfunden wurden. Sie konnten deshalb den Augenblick ihrer Entstehung überdauern und Weltgeltung erreichen, weil sie eben mehr waren und sind als künstlerisch verklausuliertes Programm. Und vieles, was gleichzeitig geschaffen wurde und über das verklausulierte Programm nicht hinauskam, ist denn auch mit Recht untergegangen.

Nun ist es Kern des christlichen Gottesglaubens – ja wohl überhaupt jeden Gottesglaubens –, dass Gott keinen »Zweck« hat. Gott ist um seiner selbst willen. Und der Gottesglaube erweist nicht zuletzt darin seine vermenschlichende Kraft, dass er den Menschen klarmacht: Auch der Mensch ist um seiner selbst willen da und darf nicht »verzweckt« werden. Übrigens auch nicht »zur Ehre Gottes«, denn die besteht gerade darin, dass der Mensch um seiner selbst willen Freund und Partner Gottes wird. Wo also stößt der Mensch auf ein treffenderes Gleichnis Gottes als da, wo er in dieser Welt – die mehr denn je eine Welt der Zwecke und der Kosten-Nutzen-Rechnungen, der »Input-Output«-Kalkulationen ist – auf einen Bereich des grundsätzlich Zweckfreien stößt? Wirklichkeit ist um ihrer selbst willen darstellenswert. Was kann tiefer auf das Geheimnis Gottes hinweisen? Etwa die Sätze und Theorien von Theologen? Etwa die Verlautbarungen kirchlicher Amtsträger? Etwa die überschaubaren und überschaubar gehaltenen kirchlichen Lebensformen? Sie alle weisen gewiss auf das unaussprechliche zweckfreie Geheimnis Gottes hin. Aber eben dies *wollen sie auch,* das ist ihr Zweck. Theologen zum Beispiel wollen Einsicht vermitteln, wollen überzeugen, wollen mit ihren Gedanken auch gefallen. Nie denken und schreiben sie aus jenem selbstvergessenen Wirklichkeitskontakt heraus, der einfach durch ein schöpferisches Tun Gestalt annimmt, ohne dass jemand fragt, wozu das gut sei. Und wenn ein Theologe – oder überhaupt ein Wissenschaftler – auch einmal, die Welt um sich vergessend, an seinem Schreibtisch sitzt, in seinen Büchern studiert, sich treffsichere Formulierungen ausdenkt – nicht, um etwas zu »erreichen«, sondern zu dem einzigen »Zweck«, besser zu verstehen und zu erkennen –, dann beweist das nur, dass auch wissenschaftliche Arbeit gelegentlich recht nahe beim künstlerischen Tun steht.

Wenn also die Künstler »zweckfrei« und wie besessen bei ihrer Arbeit sind, wenn wir von dem Eindruck künstlerischer Schöpfungen hingerissen, ja manchmal geradezu verfolgt werden, so sind sie und wir auf einer deutlichen Spur Gottes. Das gilt auch und gerade für die rein »weltliche« Kunst, die frei ist von jeder direkt religiösen Thematik. Weg zur Gotteserkenntnis wird nämlich die Kunst nicht erst als sogenannte »religiöse« oder »kirchliche« Kunst im engeren Sinne: Malerei und Plastik für die Kirche, Kirchenbau, Kirchenmusik, Literatur religiösen Inhalts. Zwar muss solche Kunst nicht schon deshalb weniger Kunst sein, weil sie sogenannte »Gebrauchskunst« ist und insoweit, ähnlich wie die »engagierte Kunst«, vordergründig einen »Zweck« und eine Absicht verfolgt. Auch im Bereich der »weltlichen« Kunst sind zu allen Zeiten Kunstwerke von allerhöchstem Rang als Gebrauchskunst entstanden. Anderseits verliert auch die religiöse Gebrauchskunst in dem Maße an künstlerischem Wert, als sie über ein mit Kunstmitteln verklausuliertes theologisches Argument nicht hinauskommt oder gar mit Absicht, wie man gern sagt, »rein funktional« sein will. Die Geschichte der Liturgiereform und ihrer Folgen nach dem Zweiten Vatikanischen Konzil liefert für diese Einsicht schon manches Beispiel. Nein, es bleibt dabei: Gleichnis Gottes und Spur zur Gotteserkenntnis ist die Kunst, die weltliche wie die religiöse, soweit sie über alle »Funktionen« hinaus Wirklichkeit buchstäblich ins Bild setzt.

Übrigens wird darum auch, umgekehrt, die »weltliche« Kunst nicht erst dadurch Gleichnis Gottes, dass man sie »religiös auswertet«, sie gewissermaßen auf ihre geheime Theologie hin interpretiert. So etwas mag sich gelegentlich geradezu aufdrängen und fruchtbar sein. Und doch schätzen Künstler in der Regel eine solche Bemühung nicht, fühlen sich eher dadurch geradezu bloßgestellt. Wo sie, mehr ahnend als argumentierend, mehr unbewusst als gewollt, die göttlichen Spuren der Wirklichkeit ins künstlerische Gleichnis fassen, da kommt dann solch ein Rohling und »wertet das aus« zum begrifflich gepanzerten »Gedankengang«! Verdirbt das nicht die eigentümliche Wirkweise von Kunst ebenso, wie die »Moral von der Geschicht« eine gute Geschichte verdirbt?

Lassen wir also die Künstler Gott suchen bei ihrem Tun, auch wenn sie den Namen Gottes dabei nicht nennen. Auch wenn sie dabei nicht von Gott, sondern von ihrer Kunst sagen: Sie ist »mein Leben«, sie ist »höhere Offenbarung«. Und lassen auch wir uns, wenn wir dafür empfänglich sind, ohne schlechtes Gewissen fallen ins künstlerische Erleben, auch wenn es uns so mit allen Fasern fasziniert, dass jeder bewusste Gedanke an Gott dabei regelrecht ausgeschaltet ist.

Ersatzreligion? Das kann schon einmal sein – vor allem da, wo solches Tun und Erleben bewusst abgeschottet wird gegen die Erfahrung des Unbedingten, des Göttlichen, das sich darin anmeldet, sodass Kunst dann in negativer Weise nicht mehr zweckfrei ist. Doch ist auch in solcher Ersatzreligion immer noch mehr Wahrheit als in der Ersatzreligion der Tüchtigen, in der die »Leistung« zum Gleichnis Gottes und der »Erfolg« zum Erweis seiner Gnade wird.

Dritter Teil:

Warum ist es gut, Gott zu erkennen?

20. Kapitel

Hilft die Erkenntnis Gottes uns im Leiden?

Ein kleiner Rückblick

Der Blick des Glaubens kann überall Gott entdecken. Er kann an den vielfältigen Orten unserer Gotteserkenntnis immer neue »Eigenschaften« Gottes wahrnehmen. An einigen solchen »Orten« unserer Gotteserkenntnis wurde das im zweiten Teil dieses Buches zu veranschaulichen versucht.

Gott hat Macht. – Gott begibt sich hinein in die Ohnmacht und das Scheitern des Menschen. – Gott ist nicht ein Gott der Individualisten, sondern der Gott der Gemeinschaft, der Gott seines Volkes. – Gott zeigt sich (und verbirgt sich) in ganz menschlichen Formen. – Wir selbst werden zum »Prospekt« Gottes, wenn der Glaube uns zu neuen Menschen macht. – Die Vielfalt der Mitmenschen zeigt etwas von der »Fantasie« Gottes, die Vielfalt des Leidens aber erweist die abgründige »Fantasie« des Menschen, die die »Fantasie« Gottes nicht zum Zuge kommen lassen will. – Gott ist immer größer und weiter als die Gedankengebilde und Lebensformen, in denen wir ihn unwillkürlich einzuschließen trachten, auch in der Kirche. – Gott fürchtet den Menschen nicht als seinen Konkurrenten, er stattet ihn mit Macht aus, wie er selber Macht hat, und auch das Risiko, dass der Mensch diese Macht zu seinem eigenen Lobpreis missbraucht, statt das Lob Gottes zu künden, ist Gott nicht zu groß. – Gott ist die absolut zweckfreie Wirklichkeit, und alles zweckfreie Tun und Erleben des Menschen ist darum durch sich selbst ein Gleichnis Gottes.

Das alles haben wir – in kleinen Skizzen – etwas zu meditieren versucht. Aber wozu ist dies alles »gut«? Was ist dem

Menschen mit solcher Gotteserkenntnis geschenkt? Das bleibt nun noch zu bedenken. Wir tun es wiederum eher in Skizzen als in ausführlichen Darlegungen. Denn wie schon im zweiten Teil können wir den »Stoff« unserer Überlegungen voraussetzen, und zudem ist notwendigerweise im ersten und zweiten Teil manches schon angeklungen. Wie könnte man auch von unserer Gotteserkenntnis im Glauben reden, ohne dabei immer schon das Heil des Menschen mitzubedenken, dessentwegen sich Gott uns doch »anvertraut« hat.

Der Fels des Atheismus?

»Das Leiden ist der Fels des Atheismus.« Dieser Satz des Dichters Georg Büchner (1813–1837) wird gern zitiert. Damit gibt er eine verneinende Antwort auf jene Frage, die seit den Tagen der Bibel gestellt wird (Buch Ijob!) und die man in Philosophie und Theologie gern als die Frage der »Theodizee« bezeichnet, das bedeutet: als Frage nicht nach der Rechtfertigung des Menschen vor Gott, sondern nach der Rechtfertigung Gottes vor dem Menschen. Und der »Streitpunkt« ist eben das unschuldige Leiden in der Welt. Wenn der allmächtige und gute Gott es zulässt, was soll der Mensch dann noch von seiner Gerechtigkeit halten? Wenn der Gottesglaube auf die »Theodizee-Frage« keine Antwort weiß, muss dann nicht der Atheismus – ein »ethischer« Atheismus, vergleiche oben das 5. Kapitel – die zwingende Konsequenz sein? Ein Atheismus, der auf dem felsharten Grund des Leidens gebaut ist?

Nun haben all unsere bisherigen Überlegungen, trotz mancher Differenzierungen, vor allem von dem Gott geredet, bei dem unser Leben sorglos vor Anker gehen kann, bei dem das Leiden schweigt, bei dem wir uns in Freude zu Hause fühlen können. Darum muss nun, wo wir nach der Bedeutung der Gotteserkenntnis für unser Leben fragen, zuerst überlegt werden, ob und wie die Erkenntnis Gottes uns im Leiden hilft.

Und hier ist zu allererst einzuräumen, dass die »Theodizee-Frage« keine überholte Frage ist. Immer wieder, auch im vergangenen Jahrhundert, hat es theologische Strömungen und Frömmigkeitshaltungen gegeben, die es um der Gottheit Gottes willen ungeheuerlich finden, dass Gott sich gewissermaßen wegen des Leidens vor den Menschen zu rechtfertigen habe. Lieber nehmen sie die Vorstellung in Kauf, dass Gott in seiner souveränen Freiheit mit seinen Geschöpfen schaltet und waltet, wie er will, wobei niemand ihn nach Warum und Wozu zu fragen hat. Mit Mühe vermeidet man dann das Stichwort vom »Willkür-Gott«. Auf der anderen Seite ist nicht zu bestreiten, dass manche Antworten, die in der Geschichte auf die Frage »Gott und das Leid« gegeben wurden, unser Nachdenken nicht befriedigen können. Selbst der große Thomas von Aquin (1225–1274) hat da eine Antwort gegeben, die ein heutiger Mensch nur empörend finden kann und die umso unverständlicher ist, als auch die damalige Zeit voll von Leidenserfahrung war. Thomas sagt: Alles Leiden ist ein Übel oder kommt aus einem Übel, sei es von einem Naturübel, für das kein Mensch verantwortlich ist, sei es aus einem Schuldübel, das Menschen verursacht haben. Alles Übel nun ist ein Mangel an Gutheit, ist also, positiv betrachtet, eine bestimmte Stufe des Gutseins, nur nicht die höchstmögliche. Indem so durch das Übel in der Welt, also auch durch das Leiden, alle Stufen von Gutheit verwirklicht werden und nicht nur die jeweils höchsten, ergibt sich jene Vielfalt des Guten, die die *Schönheit* der Welt ausmacht (Summe der Theologie, 1. Buch, Fragen 48–49). Leiden also als Ausfluss der schöpferischen Weisheit Gottes, Ertragen des Leidens als Glaubensbekenntnis zu dieser Gottesweisheit – es kann einem schon den Atem verschlagen.

So ist es kein Wunder, wenn gläubige Christen zu dem Schluss kommen: Die Frage nach »Gott und das Leiden« ist eine überholte Frage. Überholt sind die Antworten, die in der Vergangenheit darauf gegeben wurden; überholt ist vor allem der blinde Mut von Christen, die allen Ernstes glaubten, Gott zur Rechtfertigung vor dem Menschen auffordern zu dürfen.

Aber gerade, wenn wir diese Frage als nicht überholt herausstellen und zulassen wollen, dann müssen wir auch eingestehen, dass es eine nicht zu beantwortende Frage ist. Die Antwortversuche auf die Frage »Gott und das Leiden« beginnen ja nicht erst in den hochgemuten Denkbemühungen des Thomas von Aquin. Sie beginnen schon in der Bibel. Die Freunde Ijobs wollen dem schwer Leidenden einreden, er müsse unter allen Umständen gesündigt haben, denn nur als Strafe Gottes sei sein Leiden erklärlich (Ijob 3–31). Die Reden des Elichu (Ijob 32–37) und schließlich die Gottesreden selbst (Ijob 38–42) versuchen Ijob den Mund zu verbieten, weil die Größe Gottes und seiner Werke keine Fragen des Menschen zulasse – die Fernwirkungen dieser Antwort spüren wir bis heute. Die junge Kirche hat in der Erwartung der nahen Wiederkunft Christi sich in den Leiden dieser Zeit mit der Hoffnung auf die kommende Herrlichkeit getröstet (vgl. Röm 8,18; Phil 1,29). Spätere Zeiten haben das Leiden als tägliche Nachfolge des Gekreuzigten zu verstehen und zu bewältigen gesucht. Unter dem Einfluss der antiken Tugendlehre hat man auch zeitweise gemeint, der Christ müsse sich dahin trainieren, seine Leidensfähigkeit abzutöten und am Ende das Leid gar nicht mehr zu spüren. »Gelobt sei, was mich hart macht!« – würden wir diese Antwort heute kennzeichnen. Luther hat auf das Problem des Leidens unter anderem mit seiner Lehre vom »im Gegensatz verborgenen« Gott geantwortet, den wir aushalten müssen, damit Gottes Sieg über das Leid uns offenbar werde. Neuere (katholische) Frömmigkeitshaltung hat im Leiden die Chance der stellvertretenden Sühne für eigene und fremde Sünden gesehen und sich dabei auf den (missverstandenen) Satz des Paulus gestützt, dass er an seinem

Leibe ergänzen wolle, was dem Leiden Christi noch fehlt (Kol 1,24).

Keiner dieser Sinndeutungen des Leidens kann man nachsagen, sie verharmlose das Leid oder disputiere es hinweg. Aber in der ungeahnt verschärften Erfahrung des Leidens in unserer Zeit sind wir mit Recht allergisch gegen jede theologische Geschwätzigkeit, denn wir wissen nur zu gut, dass wir jedes Wort auch noch gegenüber dem verstümmelten Kind auf den Kriegsschauplätzen unserer Tage oder den verhungernden Kindern in den Armutsregionen unserer Welt verantworten müssen. Nein, der Glaube an Gott sagt uns noch lange nicht, welchen Sinn das Leid hat. Jedes Ertragen des Leidens und jede darauf abzielende christliche Einübung, bei der man dem Leiden einen *unmittelbar* einleuchtenden Sinn zuerkennt, ist unchristlich. Wir können auch im Glauben nie *zuerst* sagen: Das ist der Sinn des (deines) Leidens – und *daraufhin* kann ich, kannst du es ertragen. Daraus aber folgt: Leiden ertragen heißt, mit der nicht behebbaren Sinnlosigkeit des Leidens zu leben. Wir haben als Christen keine bessere Sinndeutung des Leidens in der Welt als jeder andere. Wir haben höchstens eine andere Grundlage, es zu ertragen. Wer diese Grundlage nicht zu betreten vermag, für den allerdings wird auch heute noch das Leiden immer wieder zum »Fels des Atheismus«.

Trost des Glaubens?

Ein Wort Augustins, das wie eine Gegenthese zu Georg Büchners Wort vom »Fels des Atheismus« klingt, lautet: »Der allmächtige Gott … würde, da er zuhöchst gut ist, niemals die Existenz irgendeines Übels in seinen Werken zulassen, wenn er nicht auch so mächtig und gut wäre, um selbst aus dem Übel das Gute zu wirken.« Dieses Wort *kann* man auf einer Linie mit jenen Sinndeutungen des Leidens lesen, die wir uns heute nicht mehr aneignen können. Es kann uns aber auch, im Zusammenhang mit bisherigen Überlegungen gelesen, eine Richtung weisen. Gottes Macht ist in der Tat dem Leiden gewachsen. Aber er betätigt diese Macht nicht durch theoretische Antworten und machtvolle Aufhebung des Leidens, sondern dadurch, dass er in unser Leiden eintritt. Das Leiden ist der Preis unserer Freiheit – auch noch im Umgang mit den nicht selbst verschuldeten Leiden –, also der Preis dafür, dass wir lieben können. Denn nur, weil wir Liebe verweigern können, können wir Leiden zufügen und Leiden erfahren. Aber Gott hilft uns gleichsam selbst, diesen Preis zu bezahlen. Das Leiden wird somit zur Frage an uns, ob wir im Glauben Gott genauso ernst zu nehmen gewillt sind, wie er sich uns offenbart hat – als der mit uns *mitleidende* allmächtige und herrliche Gott. Ist dieser Glaube ein Trost? Hilft er uns?

Wir sollten uns nicht ausreden lassen, dass wir solchen Trostes bedürfen. Das Sinnlose kann man auf die Dauer nicht sehenden Auges aushalten ohne den wahrhaft tröstenden Hinweis darauf, dass die Sinnlosigkeit nicht das letzte Wort hat. Dieser Trost des Glaubens ist aber an einige Voraussetzungen geknüpft, damit er ehrlich gegenüber der modernen Erfahrung des Leidens bleibt, also nicht doch wieder in eine theoretische Sinndeutung des Leidens umgefälscht wird. Welche Voraussetzungen gehören dazu?

Wir müssen unsere Sensibilität, unsere Feinfühligkeit vertiefen. Das Übermaß des Leidens bringt uns in die Gefahr, dass wir gewissermaßen aus Notwehr abstumpfen. Möglicherweise sogar gegenüber dem eigenen Leiden. Es gibt aber keine christliche Bewältigung des Leidens, ohne dass wir seine Unverständlichkeit, seine Sinnlosigkeit voll empfinden – sonst sind wir schon auf der Bahn des Satzes: »Gelobt sei, was mich hart macht.« Gegen die Abstumpfung kann es notwendig sein, dass wir die Leidenserfahrung bewusst vertiefen. Zum Beispiel uns seinem Anblick in Bericht und Bild immer wieder aussetzen, die Vergeblichkeit des Kampfes gegen das Leiden am eigenen Leib erfahren, etwa durch eine konkret geleistete Hilfe, die uns ja immer auf Schritt und Tritt erfahren lässt, wie wenig wir tun können. Dazu gehört auch, dass wir uns die Fähigkeit zum Zorn und zur Empörung erhalten und der Versuchung zum Zynismus widerstehen – der auch oft nichts anderes als eine Notwehr ist. Und was das eigene Leiden betrifft: dass wir es nicht dumpf verdrängen oder vor ihm in die Zerstreuung weglaufen (so sehr das zuweilen gut sein kann), sondern es uns voll und ganz eingestehen und nicht noch uns selbst Theater vorspielen, wo wir oft genug anderen gegenüber nicht aus der Rolle fallen dürfen.

Wir haben, ferner, zu beherzigen, dass wir nur »Hoffnung gegen alle Hoffnung« haben. Unsere Hoffnung ist tatsächlich das endgültige, vollendende Handeln Gottes am Ende der Tage, wo Gott »alle Tränen abwischen wird« (Offb 21,4). *Diese* Hoffnung steht gegen alle realistischen irdischen Erwartungen – sie fordert Umkehr. Weil sie *Hoffnung* gegen den Augenschein ist, wird sie nicht zur »Sinndeutung« des Leidens und ist doch der grundsätzliche Trost, der sagen kann: Es war und ist dennoch nichts vergebens. Diese Hoffnung gegen alle irdische Hoffnung ist zugleich die Energiequelle, die uns auch da weitermachen lässt, wo wir wissen, dass es nur ein Tropfen auf den heißen Stein ist. Wir können die Welt nicht aus eigener Kraft in ein Paradies verwandeln. Zudem darf der Christ nicht das Leiden dadurch zu besiegen versuchen, dass er neues Leiden schafft. Er kann darum auch nicht alles mitmachen, was andere zur wirklichen oder angeblichen Überwindung des Leidens tun. Der Realismus in Bezug auf unsere begrenzten Möglichkeiten gehört mit zum christlichen Umgang mit dem Leiden. Wohl aber können wir auf dieser Erde durch unseren kämpferischen und ausharrenden Umgang mit dem Leiden gewissermaßen einen »Prospekt« entwerfen, was nicht durch unsere, sondern durch Gottes leidüberwindende Macht allem Augenschein zum Trotz doch einmal werden soll.

Wir können Gott das Leid klagen. Unsere Zeit hat die vergessene Gebetsform der Klage wiederentdeckt. Wir müssen die Not nicht stumm herunterwürgen, weder die fremde noch die eigene, wir dürfen sie betend vor Gott erzählen. Keine Angst, das könne ein billiger Beruhigungstrick sein! Beruhigung ist die Klage in der Tat, aber sie *darf* es sein – wie überhaupt das Gebet der Ort ist, wo sich das Leiden dadurch verwandelt, dass wir im Glauben ein neues Verhältnis dazu und zur Unmöglichkeit seiner vollständigen Überwindung gewinnen. Gebet im Leiden, Klage ist Anrede an Gott, Bekenntnis zu seiner Wirklichkeit und Gegenwart mitten in der ihm widersprechenden Welt. Als solches sind Gebet und Klage gelebte »Theodizee«, die Gott »rechtfertigt«, indem sie ihm zugesteht, dass er uns Rätsel aufgeben darf, die er uns nur ersparen könnte, wenn er uns die Fähigkeit zur Liebe nähme. Klage ist damit gelebte Umkehr, denn sie ist gezielter Angriff des Glaubens gegen die Versuchung, aus dem Leiden der Welt auf die Abwesenheit oder Gleichgültigkeit Gottes zu schließen. *So* antworten Christen auf Georg Büchners Satz.

Der nachträgliche Sinn des Leidens

Nachdem dies alles hoffentlich klar genug gesagt ist, darf der Christ ein Letztes tun: feststellen, dass das Leiden ihn weitergebracht hat. Selbstverständlich darf er das nur im Blick auf das eigene Leiden. So mit Bezug auf das Leiden der anderen, auf das Leiden in der Welt zu reden, wäre pervers. Gegenüber dem Leiden der anderen gibt es nur den entschiedenen Kampf um seine Überwindung, der sich auch durch vielfältige Vergeblichkeit nicht beirren lassen darf. Gegenüber dem eigenen Leiden aber gibt es die Erfahrung, dass es mich im Glauben stärker, in der Hoffnung realistischer, in der Liebe feinfühliger gemacht hat. Und in diesem Sinne kann man, können viele Menschen von sich sagen:

Das Leiden war für mich sinnvoll. Ich kann dies immer nur im Rückblick sagen und kann diesen Rückblick in keiner Weise vorwegnehmen, auch nicht im Blick auf entsprechende Erfahrungen anderer. Und doch berechtigt vielfältige derartige Erfahrung zu der Rückfrage: Kann es wirklich wünschenswert sein, alles Leiden vermeiden zu wollen? Kann es, noch konkreter, Ziel einer Pädagogik und einer Gesellschaftspolitik sein, Quellen des Leidens bevormundend so zu verschließen, dass niemand mehr »Trauerarbeit« leisten muss? Muss man dem Menschen, wenn man es aufrichtig mit seiner Menschlichkeit meint, nicht geradezu zumuten, auch die produktive Kraft des Leidens zu erfahren, jedenfalls in dem Ausmaß, das seine Kraft zulässt? Wer kann wissen, was Freude ist, der nicht am Leiden gereift ist?

21. Kapitel

Können wir uns über Gott freuen?

»Freut euch im Herrn allezeit. Und immer wieder will ich es sagen: Freut euch!« (Phil 4,4; vgl. 3,1). Es hätte kaum dieser Aufforderung des Apostels Paulus bedurft, um die Freude zu einem zentralen Thema des christlichen Glaubens zu machen. Es genügt, in die Evangelien zu schauen, vor allem in die Gleichnisse Jesu, deren Grundthema immer wieder ist, dass wir die nahe herbeigekommene Herrschaft Gottes nicht fürchten, sondern uns auf sie freuen sollen.

Noch einmal: Gott und die Gefühle

So haben denn allen Ernstes die Theologen der alten Kirche, die sogenannten »Kirchenväter«, und in ihrem Gefolge die großen Theologen des Mittelalters die Traurigkeit als eine »Hauptsünde« aufgefasst, gegen die man, wie gegen alle anderen Sünden, ganz entschieden angehen müsse, weil sie die Wurzel vieler anderen Sünden sei. Und sie haben dazu Vorschläge gemacht, die uns heute eher amüsieren, aber so ernst war es ihnen damit. Thomas von Aquin zum Beispiel schlägt vor, man solle bei einem Anfall von Traurigkeit schlafen gehen oder ein Bad nehmen oder sich mit guten Freunden unterhalten – alles Vorschläge, die auch heute noch nicht so dumm sind, wie sie fürs Erste klingen mögen (Summe der Theologie, 1. Teil des 2. Buches, Frage 38, Artikel 5).

Unsere Frage heute ist freilich: Wie kann der Glaube Freude machen und Freude stiften angesichts des Leidens? Ist nicht oft der Glaube an Gott wie ein Strohhalm, an dem wir uns im Meer der Traurigkeiten dieses Lebens gerade noch über Wasser halten? Wo kämen wir hin, wenn wir allen Ernstes unsere Depressionen für »Hauptsünden« halten wollten?

Unsere Ratlosigkeit vor diesem großen Thema der Bibel wird freilich noch tiefer, wenn wir bei Paulus Sätze lesen wie diesen: »Ich freue mich, wenn ich gegenwärtig für euch leide: so fülle ich das Maß der Christusleiden auf, indem ich mit meinem eigenen Leibe leide für seinen Leib, das ist die Kirche« (Kol 1,24). Oder wenn uns von Franz von Assisi der Satz überliefert wird: »Das Leid ist die vollkommene Freude.« Klingt das nicht bedenklich nach christlichem Masochismus? So müssen wir unter einem anderen Gesichtspunkt noch einmal auf das Thema »Gott und die Gefühle« zurückkommen, wovon schon die Rede war (vgl. oben 8. Kapitel).

Zunächst: Die Freude, von der hier die Rede ist, die Freude an Gott, die Freude aus dem Glauben, ist keine Stimmung, die ein Depressionsgefühl oder ein Migräneanfall in Traurigkeit verwandeln kann. Wohl aber ist sie jenes Grundgefühl, das mit wachsender Reife im Glauben mitwächst, nämlich: Es ist gut, dass ich lebe. Es ist gut, dass die Welt ist und nicht lieber nicht ist. Zwar gibt es einen legitimen christlichen Pessimismus, vor allem gegenüber mancher maßlosen Selbstüberschätzung des Menschen in humanistischen Weltanschauungen und in politischen Zukunftsprogrammen. Aber legitim ist auch dieser christliche Pessimismus nur, soweit er von jener gläubigen Grundströmung getragen wird. Christliche Freude ist also nichts anderes als die genau entsprechende gefühlsmäßige Widerspiegelung der Zuversicht der christlichen Hoffnung, die sich der Anstrengung – das allerdings – des Glaubens verdankt. Alles andere ist unerzwingbar, das heißt: Mehr als dies müssen wir nicht von uns verlangen. Der Christ muss nicht etwa ständig in euphorischer Hochstimmung sein, und der Sanguiniker ist nicht durch sein Temperament schon der geborene Christ.

Wie verhält sich nun dieses christliche Grundgefühl der Freude zu den freudigen Gefühlen und Stimmungen, die wir sonst erfahren und die mit der christlichen Freude nicht identisch sind? Haben wir angesichts von soviel Leid und Trauer in der Welt ein Recht darauf? Ohne Frage hindert auch der feinfühligste Blick auf das Leiden nicht, dass wir manchmal schöne Stunden verbringen. Es gibt keinen Grund, das verdächtig zu finden, es sei denn, es ginge direkt auf Kosten der Leidenden.

Es gibt sogar einen ganz besonders starken Grund, auch ganz »weltliche« Gefühle der Freude unbefangen an uns heranzulassen. Wer sich freut – auch: wer den Humor nicht verliert –, erkennt an, dass das Leiden keine alles entscheidende Berechtigung hat. Zwar müssen wir sensibel bleiben für das Leiden. Aber nur wenn wir gleichzeitig auch fähig bleiben, uns unbefangen zu freuen, können wir jene Distanz zum Leiden behalten, die notwendig ist, in ihm nicht zu versinken, sondern zu seiner Überwindung anzutreten.

Freude annehmen gibt uns den Maßstab, wohin wir den Leidenden verhelfen wollen. Freude annehmen gibt auch Kraft für das unvermeidliche neue Ertragen. Nur wer sich freuen kann, kann anderen und sich selbst im Leiden helfen. Erst dann wäre Verdacht am Platz, wenn jemand *nur* als sonniges Gemüt durchs Leben läuft und die Welt für heil hält: Dann hat er wohl nicht richtig hingesehen und sich mit Sicherheit noch nirgendwo helfend gegen das Leiden engagiert.

Freude an Gott

»Freude an Gott haben« bedeutet also, die Freude, die uns das Leben – manchmal sogar ungewollt und unbeabsichtigt – schenkt, unbefangen an uns heranlassen in der Zuversicht, dass Gott genauso dahintersteht wie hinter der Zumutung des Leidens. Freude an Gott ist auf diese Weise nichts

Besonderes, sondern »normale« Freude, ohne Verdacht angenommen im Glauben an Gott, den Geber alles Guten.

Und doch gibt es auch eine »besondere« Freude an Gott. Da bricht gleichsam die Grundströmung der Freude, die all unser Tun und Erleben durch den Glauben trägt, nach außen und oben durch. Dabei ist nicht an »mystische« Ereignisse, an »Ekstase« und Zustände zu denken, in denen die Welt gleichsam versinkt und nur noch Gott da zu sein scheint. Gewiss, selbst dahin kann es in der Freude an Gott kommen. Aber die »besondere« Freude an Gott hat auch »normale« Formen. Dann etwa, wenn ein Mensch nicht genug wissen kann von Gott und der Wahrheit des Glaubens. Oder wenn ein Mensch aus innerer Bewegung es zu seinem Beruf macht, davon möglichst vielen Menschen weiterzuerzählen. Oder wenn ein Mensch nicht anders kann, als alle Angebote des Lebens stehenzulassen, und sich dazu entschließt, die Liebe Gottes in der Liebe zu den Mitmenschen weiter zu schenken. Oder wenn ein Mensch – ganz ohne Absicht und ohne religiösen »Leistungsdrang« – nichts Schöneres kennt als zu beten. Solche Menschen werden nicht selten einen »kirchlichen« Beruf ergreifen: Sie werden Theologen, Priester, Religionslehrerinnen, kirchliche Sozialarbeiter aller Art, Ordensleute, Pastoral- und Gemeindereferentinnen und -referenten, und so fort. Wir müssen aber betonen: Die hier gemeinte »besondere« Freude an Gott ist kein Privileg kirchlicher Berufe. Alles, was wir hier nannten, ist auch vereinbar mit einem sogenannten »weltlichen Beruf«, in manchen Fällen sogar leichter als mit einem kirchlichen Beruf, der oft mit sehr viel gar nicht zur »Sache« gehörender Arbeit belastet und gewissermaßen »verfremdet« ist (der Pfarrer als Bauherr und Verwaltungschef, der Theologe als Mitglied der Gremien und Kommissionen seiner Universität, der Gemeindereferent als Hausmeister des Pfarrzentrums usw. – wir alle kennen solche »Verfremdungen« des kirchlichen Dienstes). Wie beneidenswert erscheint da oft der Berufstätige, der nach der Tagesarbeit nach Hause kommt und, *wenn er will,* reichlich Zeit zum Lesen, zum Beten, zum Dienst christlicher Liebe hat.

Wollten wir jedenfalls diese »besondere« Freude an Gott, das immer neue Fasziniertsein von Gottes Zuwendung zu uns Menschen leugnen oder nur am Rande erwähnen, wir würden etwas Wesentliches verschweigen, was der Glaube aus einem Menschen machen kann.

22. Kapitel

Was heißt: »Gott vergibt uns unsere Schuld«?

Im Rahmen der Frage: »Wozu ist es gut, dass wir Gott erkennen?« – muss ziemlich bald die Frage auftauchen: Wie handelt Gott gegenüber unserer Schuld, gegenüber unserer Sünde? Mag auch das Thema »Schuld« in der Öffentlichkeit verdrängt werden, mag, wie man gesagt hat, gerade unsere Zeit von einem »Unschuldswahn« befallen und einem vielfältigen »Entschuldigungsmechanismus« beherrscht werden – so sagt die Würzburger Synode der Bistümer in der Bundesrepublik Deutschland 1975 in ihrem Beschluss »Unsere Hoffnung« –, unter Christen ist klar, dass von den ersten Seiten der Bibel an die Erkenntnis Gottes nicht von der Wirklichkeit unserer Schuld getrennt werden kann. Wie aber trägt die Erkenntnis Gottes, wie trägt der Glaube an Gott dazu bei, die Wirklichkeit der Schuld zu bestehen?

Die einhellige Auskunft der Bibel dazu lautet: Gott vergibt uns unsere Schuld. Und Jesus hält uns im Vaterunser dazu an, genau darum zu bitten. Aber was heißt das: Gott vergibt die Schuld? Wie soll uns das helfen, mit ihr zu leben?

Sünde

Die Antwort auf diese Frage hängt davon ab, wie wir die Sünde verstehen. Im Einzelnen steht dazu mehr im »Kleinen katholischen Glaubensbuch«. Wir fassen es hier zusammen, um vor allem zu verstehen, was »Vergebung« heißt.

Es gab ein Verständnis der Sünde – und die Alten von uns haben es einmal gelernt –, wonach wir uns durch die Sünde vor Gott beflecken. Sünde ist Verlust der Reinheit vor Gott.

Vielleicht sind uns auch noch Formulierungen im Ohr vom »Kleid der heiligmachenden Gnade«, das wir in der Sünde beschmutzen oder gar verlieren, vom »hochzeitlichen Gewand«, ohne das wir nicht ins Reich Gottes eingehen können. Und sogar die Schrift spricht davon, dass wir durch den Glauben »Christus angezogen haben« wie ein Gewand – und dieses natürlich nicht verunstalten dürfen. Auch ist uns die Redeweise vom »Makel« geläufig, den die Sünde unserer Seele zufügt.

Wenn im Umkreis solcher Bilder, die zum größten Teil sogar biblischen Ursprungs sind, von Vergebung der Sünde gesprochen wird, dann ist das Gegenbild sofort verständlich: Der Schmutz wird »abgewaschen«, der Makel wird »getilgt«, die verlorengegangene Reinheit, das hochzeitliche Gewand wird uns wiedergeschenkt.

Eine andere Deutung der Sünde, die wir ebenfalls kennen, sagt: Sünde ist »Beleidigung Gottes«. Gott wird hier gesehen als ein Herr, dem man die schuldige Ehre zu erweisen, den man mit gebührlichem Respekt gegenüberzutreten hat und dem man stattdessen in Wort und Tat Unehre antut. Dadurch ist das persönliche Verhältnis zwischen Gott und dem Menschen empfindlich gestört, wenn nicht sogar zerstört, auch wenn uns dieser Begriff der »Beleidigung« nicht dazu verführen darf, uns Gott als »verstimmt« und »nachtragend« vorzustellen. Gott antwortet auf die Beleidigung durch den Menschen, indem er ihm verzeiht. Er achtet gewissermaßen der ihm angetanen Unehre nicht mehr, sieht darüber hinweg und stellt sich zu den Menschen in Liebe wieder wie vor der »Beleidigung«.

Beide Verständnisweisen von Sünde und die entsprechenden Verständnisweisen von Vergebung haben ihre Vorzüge, aber auch ihre Nachteile, die trotz ihres ehrwürdigen Alters nicht übersehen werden dürfen. Sünde als Befleckung – damit wird ganz massiv auf die *Wirklichkeit* der Sünde hingewiesen, die mehr ist als irgendeine abstrakte »Haltung« im Geist des Menschen. Entsprechend *geschieht* etwas in der Wirklichkeit des Menschen, wenn Gott vergibt, da ist wirklich hinterher etwas »wie neu«, eben ganz so, wie wenn ein schmutziges Wäschestück strahlend weiß gewaschen wird. Der Nachteil: Das Bild ist doch arg »materialistisch« und wird auch in der Bibel nur durch andere Begriffe und Vorstellungen von Sünde und Vergebung im Gleichgewicht gehalten.

Demgegenüber stellen die Begriffe »Beleidigung« und »Verzeihung« unüberhörbar den *persönlichen* und damit echt *menschlichen* Charakter dieses Geschehens heraus. Die Sünde zerstört ein persönliches Verhältnis, und nur eine unerzwingbare persönliche Tat kann es wiederherstellen. Zugleich ist darin etwas festgehalten, was das erste Verständnis von Sünde nie zum Ausdruck bringen kann: dass der Mensch nämlich seine Sünde, ist sie einmal geschehen, nie aus seinem Leben abschütteln kann. Nur ihre Wirkungen und Folgen, das zerbrochene personale Verhältnis zu Gott, lassen sich durch Gottes Initiative wieder beheben. Nach dem ersten Verständnis dagegen kann der Eindruck entstehen, als könne eine Sünde einfach ungeschehen gemacht werden, eben »abgewaschen«.

Dennoch hat auch das Doppelstichwort von »Beleidigung« und »Verzeihung« seinen Nachteil: Es vermenschlicht Gott mehr, als recht ist. Kann man denn im Ernst Gott »beleidigen«? Kann ein Mensch im Ernst seine »Ehre« antasten? So erklärt denn auch Thomas von Aquin, wo er den Begriff der »Beleidigung Gottes« erläutert, der Sünder beabsichtige zwar so etwas wie einen »Anschlag« auf Gott, aber in Wahrheit treffe er nicht Gott, sondern nur sich selbst (Summe der Theologie, 1. Teil des 2. Buches, Frage 73, Artikel 8 und 113, Artikel 2).

Und damit sind wir beim entscheidenden Schritt. Sünde ist dadurch Tat gegen Gott, dass der Mensch sich in ihr dem verweigert, was Gott mit ihm im Sinn hat. Sünde ist daher in wörtlichem Sinne Selbst-Herrlichkeit, der Unwille, Mensch nach dem Willen der schöpferischen Liebe Gottes zu sein, und die Erhebung der eigenen Person auf den Thron Gottes.

Damit kann der Mensch Gott nicht schaden, die Sünde trifft nur ihn selbst. Die Selbstherrlichkeit aber wird, entgegen den Erwartungen, kein Gewinn. Vor allem deshalb nicht, weil der Mensch nun buchstäblich alle seine Kräfte braucht, um sich selbst zu bewahren und sich selbst den Sinn seines Lebens zu geben. Ein Mensch, der auf diese Weise notgedrungen alles auf sich bezieht, wird dadurch zur Karikatur seiner selbst. Er wird sich selber fremd – das können wir alle beobachten, wenn wir einmal einen wirklichen Egoisten erleben. Sünde ist Selbstentfremdung des Menschen. Noch einmal Thomas von Aquin: Die Strafe der Sünde besteht darin, »dass Gott den Menschen mit seiner Natur alleinlässt« (ebenda, Frage 87, Artikel 7). Mehr braucht er nicht zu tun – das ist Strafe genug. Denn nie und nimmer kommt der Mensch mit sich alleine aus.

Vergebung

Was heißt nun Vergebung, wenn wir Sünde so verstehen? Wir werden die Vorzüge der beiden ersten Formen des Sündenverständnisses unbedingt beibehalten müssen: die massive, allen Abstraktionen widerstehende Realität der Sünde und ihren personalen Charakter – und ebenso die Wirklichkeit und Personhaftigkeit der Vergebung Gottes. Nun brauchen wir über die Wirklichkeit der Sünde hier gewiss nicht lange zu verhandeln. Wenn der Mensch in der Sünde zur Karikatur seiner selbst wird, so muss Vergebung bedeuten: Er findet zu seinem wahren Sein und zu seiner ursprünglichen Bestimmung zurück. Kein Zweifel, das meint Vergebung der Schuld durch Gott.

Etwas schwieriger ist es, die Personhaftigkeit von Sünde und Vergebung zu verstehen, und das hängt mit dem zusammen, was wir früher (vgl. das 9. Kapitel) über Gott als

Person gesagt haben. Und doch lässt es sich begreifen. Wir selbst haben in der Sünde gleichsam unsere Personwürde verloren: Wir sind an uns selbst versklavt, wo wir frei zu sein hofften; selbst unsere Erkenntnisfähigkeit ist eingeschränkt, denn gleichsam instinkthaft festgelegt, interessiert sie sich nur für den Ausschnitt der Wirklichkeit, der dem eigenen Ich Befriedigung verheißt. Vergebung muss also heißen, dass uns diese Personwürde zurückgeschenkt wird. Das heißt aber: *Uns wird ein neuer Anfang geschenkt.* Und die Möglichkeit, *jederzeit* neu anzufangen – denn Gott vergibt uns *immer* unsere Schuld.

Wir brauchen uns also nur daran zu erinnern, dass und wie Gott der tragende Grund unseres Menschseins ist. Dann ist darin die Vergebung der Schuld in diesem Sinne eingeschlossen. Gott »muss« nicht vergeben – der neue Anfang ist nicht einklagbar. Aber *wenn* wir, auf seine eigene Offenbarung hin, daran glauben dürfen, dass er sich unwiderruflich dem Menschen zugewandt hat, dann ist darin die Vergebung der Schuld, das beständige Geschenk des neuen Anfangs eingeschlossen – oder wir dürften Gottes Zuwendung nicht beim Wort nehmen. Wir können es noch einmal bildhaft ausdrücken: Gott lässt unsere Sünde, unsere Verweigerung gleichsam keinen Einwand dagegen sein, dass er mit uns sein will. So wird die Sünde gewiss für immer zu unserer Lebensgeschichte gehören, es wird nie ungeschehen zu machen sein, dass wir uns Gott verweigert haben. Und doch dürfen wir uns wunderbarerweise immer wieder neu angenommen und geborgen wissen, wie der erste unschuldige Mensch bei Gott geborgen war, dem noch kein neuer Anfang geschenkt werden musste.

Wenn wir so denken dürfen, dann wäre übrigens auch ein uralter Streit zwischen katholischer und evangelischer Auffassung von der Sünde gegenstandslos geworden. Bekanntlich hat Luther gegen die herkömmliche Sündenlehre seiner Zeit eingewandt, die Sünde sei doch gar nicht »weggeschafft«, sie bleibe doch Realität im Menschen als ständiger Widerwille gegen Gott und damit auch als ständige Quelle neuer sündiger Taten. Die Anhänger der alten Lehre waren damals furchtbar erschrocken über diese neue Lehre Luthers, weil sie meinten, wenn Gottes Vergebung die Sünde nicht wirklich »tilge«, sondern, wie Luther sich auch gern ausdrückte, nur »zudecke«, nur »nicht anrechne«, dann erkläre man Gott zum Stümper, der im Grunde so ohnmächtig gegen die Sünde sei, alles beim Alten lassen zu müssen.

Man weiß heute, dass man hier sich beiderseitig sehr missverstanden und in der Polemik die Missverständnisse auch noch bis zur Unversöhnlichkeit hochgeschaukelt hat. Aber Luther hat doch nur einem allzu dinglichen Verständnis von Sünde und Vergebung wehren und den personalen Charakter von beiden herausstellen wollen. Und im Übrigen auf Erfahrungen mit der eigenen Sündhaftigkeit hingewiesen, die auch kein Katholik leugnen konnte und kann. Wir dürfen es so verstehen: Unsere Selbstverweigerung gegen Gott steckt in der Tat ganz tief in uns, wir werden sie lebenslang nicht los – und doch sollen wir zugleich wissen, dass wir jederzeit einen neuen Anfang auf Gott hin machen dürfen und können. Das ist der Sinn der von Luther gern gebrauchten Formel, der Christ sei »gerecht und Sünder zugleich«. Hier kann keiner widersprechen, auch die katholische Überlieferung nicht. Das Thema Sünde und ihre Bewältigung ist zu ernst, als dass es heute noch in einem Streit um Begriffe, die nicht mehr sind als Bilder und Vergleiche, zerredet werden dürfte.

Es ist gut, Gott zu erkennen, weil wir wissen, dass seine Zuwendung jederzeit für uns der Raum ist, in dem wir neue Menschen werden können.

23. Kapitel

Handelt Gott in der Welt?

Von einem jüdischen Rabbi, der in Auschwitz im Konzentrationslager war und überlebte, wird erzählt, dass ein Atheist ihn nach dem Krieg fragte: »Wie kann man, wenn man Auschwitz erlebt hat, noch an Gott glauben?« Der Rabbi entgegnete: »Wie kann man, wenn man Auschwitz erlebt hat, nicht an Gott glauben?«

»Wo greift Gott ein?«

Die Frage nach dem Handeln Gottes in der Welt könnte eine ruhige Frage nach der Abklärung des Verhältnisses zwischen Gottes schöpferischem Einfluss und des Menschen Tun sein, eine Frage, die hauptsächlich philosophisch begabte Theologen und Theologiestudenten interessiert – wenn Auschwitz nicht wäre. Und »Auschwitz« steht hier nur als Signalwort für das unvorstellbare Ausmaß an Bosheit, zu dem Menschen es bringen können. Eine Bosheit, die so unermesslich ist, dass Christen immer wieder glauben, wenigstens einiges auf direkten Einfluss des Teufels zurückführen zu müssen, weil sie sich nicht vorstellen können oder wollen, dass Menschen dazu fähig sind. Da ist es denn mit der ruhigen philosophisch-theologischen Diskussion vorbei. Da fragen auch heutige Theologiestudenten verwirrt und betroffen, ob man vor solcher Bosheit und dem durch sie verursachten Leiden noch vom Handeln, gar vom »Eingreifen« Gottes in die Welt sprechen dürfe, ohne zynisch zu werden. Da wird die »Theodizee-Frage« (vgl. das 20. Kapitel) mit letzter Leidenschaft und Schärfe gestellt.

Hier darf nun zunächst an alles erinnert werden, was wir schon über »Gott und das Leid« gesagt haben. Das alles konnten wir ja nur deshalb ohne zu erröten sagen, weil bekannt ist, dass auch in Auschwitz an Gott geglaubt, zu Gott gebetet, vor Gott geklagt, Gott um Hilfe angerufen wurde. Wenn das wahr ist, hat keiner, der nicht in Auschwitz war, das Recht zu sagen: Hier ist der Glaube an das »Eingreifen« Gottes ad absurdum geführt. Ist das etwa kein »Eingreifen« Gottes, was in solcher Situation durch den Glauben aus ganz gewöhnlichen Menschen geworden ist?

So müssen wir geradezu mit Leidenschaft sagen: Tatsächlich »greift Gott nicht ein« in dem Sinne, wie die Frage gestellt wird. Das Gesetz seines Handelns in der Welt, dass er nämlich durch Menschen handelt und dafür auch den Eindruck der Ohnmacht vor der Welt in Kauf nimmt, bleibt auch hier in Kraft. Aber genau dies ist kein Einwand gegen Gott. Das »vergebliche« Gebet in Auschwitz ist doch nur das Echo des Gebetes Jesu am Kreuz: »Mein Gott, warum hast du mich verlassen!«

Wir müssen hier einen Gedanken wagen, der einem den Atem stocken lässt und der doch allein der Wirklichkeit des Bösen in der Welt *und* der Wirklichkeit Gottes in der Welt gerecht wird. Wenn Gott seinen eigenen Sohn, der in Person seine Selbstoffenbarung, seine Sache in der Welt und für die Welt ist, so vor der Welt untergehen lässt, dann gibt es schlechterdings kein Ausmaß der Bosheit und des unschuldigen Leidens, das einen Einwand gegen die Macht Gottes darstellte. Es gibt *praktisch* keinen Einwand, das beweist das vielstimmige Gebet, das aus der Leidensgeschichte der Menschheit zu Gott aufsteigt. Wer dürfte da im bequemen Lehnstuhl am Theologenschreibtisch etwas für unmöglich erklären? Aber es gibt auch *theoretisch* keinen Einwand. Denn bei welchem Grad der Bosheit und des Leidens sollten wir die Grenze ziehen, *vor* welcher ein Nicht-Eingreifen Gottes noch gerechtfertigt oder entschuldigt werden könnte, jenseits derer es aber zu einem Einwand gegen Gott würde? Nein, alle Bosheit dieser Welt kann sich ausleben, sich austoben, alle ihre vernichtenden Möglichkeiten ausschöpfen.

Nur eines wissen wir: der »ohnmächtige« Gott erwartet seine Getreuen am Ende des Leidensweges und wird an ihnen seine Herrlichkeit erweisen.

»Eingreifen« und »Handeln«

Die Bosheit des Menschen bleibt darum so unerklärlich und sinnlos wie das Leiden überhaupt. Beide werden nur in der »praktischen Theodizee« des Glaubens, der Hoffnung und der Liebe überwunden, nicht in Theorien. Doch wollen wir, davon abgesehen, auch die allgemeine Frage nach dem Handeln Gottes ernst nehmen. Wir haben schon über den Selbsterweis Gottes in der Natur und in der Macht des Menschen nachgedacht. Stellen wir eine einfache Überlegung an: Wir wollen und können nicht die Möglichkeit ausschließen, dass der Gott, an dessen Macht wir glauben, plötzlich und unerwartet und in nicht vorstellbarer Weise in das Weltgeschehen »eingreift«. Mit Sicherheit wird das – aber in einer uns jetzt auch nicht vorstellbaren Weise – am Ende der Tage geschehen, wenn er »alles in allem« ist und Welt und Menschen vollendet. Dies bestreiten hieße, dass die Menschen aus eigener Kraft diese Vollendung herbeiführen können. Keine Gesetze der Natur und keine Denkgesetze aber können prinzipiell so unumstößlich sein, dass ein direktes Handeln Gottes in dieser Welt nicht auch schon vor diesem Ende unserer Geschichte möglich wäre. Dies bestreiten hieße wiederum, Gott nach dem schmalen Maßstab unserer Erkenntnisse beurteilen.

Nur: Was nützt uns diese theoretische Überlegung? Wenn wir vom »Handeln Gottes in der Welt« reden, stellen wir uns wahrscheinlich unwillkürlich das vor, was man gemeinhin »Wunder« nennt. Mit welchem Recht eigentlich? Und wenn mit Recht, beantwortet dieser Ausnahmefall eigentlich unsere Frage?

Bei Licht betrachtet, haben wir also wiederum nur dies als sicheren Ausgangspunkt für eine Antwort in der Hand: Wir handeln in der Welt, und es ist uns geschenkt, durch unser Handeln Gottes Handeln gegenwärtig sein zu lassen. Wer fragt: Handelt Gott in der Welt? – muss zu der anderen Frage ermuntert werden: Wie handeln die Glaubenden in der Welt? Müsste man tatsächlich feststellen: Gar nicht, oder absolut nicht besser als die Ungläubigen, wem könnte es dann noch dienen, wenn wir eilfertig den – durchaus richtigen – Satz nachlieferten: Aber Gott kann Wunder wirken!?

Gott zu erkennen ist gut, weil wir dann wissen, wie das Handeln der Glaubenden aussehen könnte und, gottlob, auch in unzähligen Fällen aussieht, allen menschlich-allzumenschlichen Einschränkungen zum Trotz. Wer dann trotzdem noch darauf besteht zu wissen, wie Gott »ganz persönlich« in der Welt handelt – sucht der nicht am Ende nur eine Ausflucht?

24. Kapitel
Macht uns die Erkenntnis Gottes unfrei?

Eine Bedrohung von höchstem Ernst ist *der humanistische Atheismus,* haben wir im 5. Kapitel uns klarzumachen versucht. Dieser humanistische Atheismus gründet sich auf das entscheidende Argument: Wenn Gott ist, dann ist der Mensch unfrei. Darauf müssen wir nun noch einmal zurückkommen. Und zwar unter dem Gesichtspunkt unserer Leitfrage: Ist es gut für die Freiheit des Menschen, Gott zu erkennen?

Gebundene Freiheit

Unsere Frage hat gewissermaßen zwei Schichten. Einmal fragen wir: Wie kann denn der Mensch frei entscheiden und selber handeln, wenn Gott alles in allem wirkt? Das ist eine philosophische Frage mit praktischen Konsequenzen. Dann fragen wir: Wie kann denn der Mensch frei sein, wenn er an Gebote Gottes und deren Verkündigung und Auslegung in der Kirche gebunden ist? Das ist eine praktische Frage mit philosophisch-theologischem Hintergrund (vgl. dazu auch »Kleines katholisches Glaubensbuch«, 23. Kapitel, und das Buch »Die Zehn Gebote«, Einleitung).

Zur ersten Schicht der Frage könnte und müsste man eigentlich einen sehr komplizierten Gedankengang versuchen. Sonst wäre es ein Unrecht gegenüber den vielen großen Geistern in Vergangenheit und Gegenwart, die sich mit größter Anstrengung bemüht haben, diesem schwierigen Problem auf den Grund zu gehen. Trotzdem bleibt uns, getreu unserem Vorsatz, nichts anderes übrig, als eine einfache Überlegung zu versuchen.

Wir alle sind von Gütern, das heißt wertvollen Gegenständen und erstrebenswerten Zielen, umgeben. Zwischen diesen können wir wählen und tun es auch tagtäglich. Unsere Wahl mag durch viele Umstände eingeschränkt sein: getrübte Erkenntnis, falsche Wertschätzung, Affekt und Unsachlichkeit, Sympathie und Antipathie, Abhängigkeit von anderen Menschen, und vieles mehr. An der Tatsache, dass nichts uns zu einer ganz bestimmten Wahl nötigt (selbst wenn wir äußerlich gezwungen etwas ganz Bestimmtes wählen), daran kann kein Zweifel sein. Auch mitten in allen Einschränkungen sind wir wenigstens *etwas* frei.

Wie ist solche Freiheit möglich? Einfach dadurch, dass kein einziger dieser Gegenstände, kein einziges dieser Ziele uns ganz zufriedenstellt, den Hunger unseres Strebens ganz ausfüllt. Denn es gibt nur einen einzigen »Gegenstand«, den wir ganz unbedingt wollen müssen und demgegenüber wir nicht wahlfrei sind: das Glück. Oder, wie die mittelalterlichen Philosophen und Theologen sagten: das Gute überhaupt. Kein Mensch kann sein eigenes Unglück wollen. Wohlgemerkt, er kann sich darin täuschen, worin sein Glück besteht. Aber sein Glück will er immer.

Nun ist aber dieses Glück gerade *kein* »Gegenstand« wie die anderen Gegenstände unseres Wählens. Es ist vielmehr gewissermaßen der Rahmen oder auch der »Horizont« – die Anknüpfung an das 7. Kapitel ist nicht zufällig –, in dem einzelne Gegenstände der Wahl überhaupt auftauchen. Noch genauer: in dem Gegenstände erst zu *wertvollen* Gegenständen, Ziele erst zu erstrebenswerten Zielen werden. Nur weil sie uns Glück bringen, wollen wir sie ja. Zugleich aber ist eben dadurch deutlich: Keiner dieser einzelnen Gegenstände und Ziele füllt den ganzen »Horizont« des Glückes aus, keiner macht uns wunschlos glücklich, stellt uns restlos zufrieden. Eben deswegen sind wir ihnen gegenüber frei in der Wahl. Meine Wahl vorherbestimmen, mich nötigen, könnte ein solcher Gegenstand ja nur, wenn es ihm gegeben wäre, den ganzen unbegrenzten Horizont meines Glückshungers mit einem Mal auszufüllen.

So gesehen, liegt der eigentliche Grund der Freiheit nicht etwa in meinem Willen, in meiner psychischen Entscheidungsfähigkeit, sondern in den Gegenständen meiner Wahl, die immer nur innerweltliche und darum begrenzte Gegenstände sind, die mich eben deswegen nicht nötigen können.

An dieser Stelle überschreitet der Glaube an Gott die philosophische Überlegung. *Einen* »Gegenstand« gibt es nämlich, der den unendlichen Horizont meines Glückshungers ausfüllt: Gott – und der ist gerade kein »Gegenstand«, sondern so unendlich wie der Horizont selber. Zugleich ist er nicht nur leerer, nie ausgefüllter und darum stets in Unruhe lassender »Horizont« des Guten und Glückbringenden, sondern die Macht des Guten und Glückbringenden selber. Nur wo mein Streben also direkt und unmittelbar, nicht gebrochen durch weltliche Vermittlung und Einschränkung, auf Gott stößt, da »muss ich« ja sagen, da gibt es keine »Entscheidungsfreiheit«, weil ich in meinem Hunger nach Glückseligkeit total ausgefüllt bin.

Wo diese alles Verlangen aufsaugende, mich total faszinierende Begegnung mit Gott noch aussteht, da geht es auch vor ihm wie vor dem unbegrenzten Horizont des Glücks: Einzelgegenstände und Einzelziele tauchen auf und erweisen sich im Lichte Gottes nur als Fragment, nur als Bruchstück dessen, wonach ich eigentlich verlange. Deswegen zwingt sich mir nichts auf, deswegen bin ich frei.

So ist vielleicht ein wenig deutlicher geworden, wie es möglich ist, dass Freiheit gerade durch Gebundenheit begründet wird. Wären wir nicht »gezwungen«, unser Glück zu wollen, es gäbe überhaupt keinen Anlass, zwischen einzelnen guten Dingen und Zielen zu wählen. Wären wir, als Glaubende, nicht an Gott gebunden, wir hätten überhaupt kein Ziel, das uns bei der Auswahl der Gegenstände unseres Strebens Maßstab einer Entscheidung sein könnte. Freiheit bliebe ohne jede Betätigung – und was wäre eine Freiheit noch, die überhaupt keinen Anlass fände, etwas zu wählen, sich für etwas zu entscheiden?

Gebot der Freiheit

Wem diese Überlegung zu abstrakt ist – was nicht zu vermeiden ist –, dem klärt sich das Problem vielleicht etwas mehr, wenn wir es nun von der praktischen Seite her beleuchten. In all den vielen Einzelentscheidungen, die wir tagtäglich treffen – in freier Wahl treffen –, ordnen wir ja die Gegenstände unserer Wahl dem letzten Ziel unseres Lebens zu, das wir alle wollen müssen: dem Glück. Wir können es, als Glaubende, dem Ziel zuordnen, das Gott selbst uns gesetzt hat: der ewigen, beseligenden Gemeinschaft mit ihm im ewigen Leben. Wir können sie aber auch, ungläubig, von Gott weg auf andere Ziele, letztlich auf uns selbst hinordnen und müssen dann erfahren, dass solche Lebensorientierung niemals hält, was sie verspricht. Die freie Wahl kann also, obgleich frei und ungenötigt, richtig oder falsch sein. In den vielen einzelnen Wahlvorgängen und Entscheidungen baut sich also die *eine* Grundentscheidung des Menschen über sein ganzes Leben auf und drückt sich darin aus, die Grundentscheidung für Gott oder die Grundentscheidung für die eigene Selbstherrlichkeit.

Wenn es nun wahr ist, dass nur die Entscheidung für Gott uns wahre Vollendung bringt, während die Selbstherrlichkeit in die Selbstentfremdung und buchstäblich in die Zwangsherrschaft des eigenen Ich führt, dann ist alles Notwendige getan, dass wir verstehen können: Allein die Bindung an Gott macht wirklich frei. Sie ist die einzige Bindung, die nicht eingrenzt, einschränkt oder zwingt, weil sie so unbegrenzt ist wie unser Glückshunger selbst. Gottes Nähe befreit mich von der nicht zu tragenden Last, den Sinn meines Lebens selbst stiften zu müssen. Sein Gebot kann nichts anderes sein als Hinweis darauf, wie mein Leben gelingen kann, Warnung davor, dass ich es nicht verspiele. Seine Liebe, die mich unüberbietbar im Kreuz Christi erreicht, befreit mich zu grenzenloser Liebe zum Menschen, weil sie mich der Notwendigkeit enthebt, mich selber bewahren zu müssen. Seine Autorität macht jede gegen sie gerichtete menschliche Autorität lächerlich. Seine Menschlichkeit macht überlegen über die »Sachzwänge«, selbst wenn man sich ihnen unvermeidlich einfügt.

Kurz: Wer ist eigentlich, recht bedacht, freier als der Glaubende? Nur derjenige, der Freiheit als Selbstherrlichkeit und Erlaubnis zur Willkür versteht, kann kurze Zeit meinen, er werde frei, wenn er sich von Gott trennt. Der Glaubende weiß, dass die Erkenntnis Gottes uns nicht unfrei macht, weil er durch die Bindung an ihn an die Quelle der Freiheit selbst angeschlossen wird. Das alles ist tagtäglich zu erleben – unter wahren Christen und echten Ungläubigen. Beide sind freilich, mit Martin Luther zu reden, »seltene Vögel«. Und so wird es wohl dabei bleiben, dass immer wieder die eigentlich unechte Frage auftaucht, ob die Erkenntnis Gottes uns unfrei mache. Und dann muss man immer wieder mühselig argumentieren und beweisen, dass die Christen keineswegs unbequemer dran sind als andere Zeitgenossen, weil sie die Gebote Gottes ernst nehmen. Oder vielmehr: Kurzfristig können sie es gelegentlich unbequemer haben, aber langfristig können sie es auf jeden Vergleich mit der Freiheit der »Kinder dieser Welt« ankommen lassen.

25. Kapitel
Was ist das »Reich Gottes«?

Immer wieder träumen die Menschen von einer guten Zeit. Sei es die »goldene« Zeit, auf die man traurig zurückschaut, selbst wenn es sie nie gegeben hat, sei es die Heilszeit der Zukunft, auf die man vorausblickt, selbst wenn man gewiss ist, dass man selbst sie nicht mehr erleben wird. Das gegenwärtige Leben ist so voll von Unerträglichem, dass man den Trost solchen Träumens braucht, um durchhalten zu können. Es ist kein Wunder, wenn sich solch ein Traum von einer guten Zeit in der Vorstellung eines »Reiches« verdichtet. Denn in diesem Wort sammeln sich konkrete Vorstellungen und nicht nur allgemeine Ideen. Das erhoffte Reich oder das Reich, dem man nachtrauert, bringt ein Zusammenleben der Menschen, das von Friede, Versöhnung und Liebe geprägt ist; in dem Konflikte und Gegensätze ausschließlich nach dem Maßstab der Gerechtigkeit ausgetragen werden; wo niemand Not leidet; wo keiner den anderen bedroht; wo die Angst nicht mehr regiert; wo Herrschaft und Macht nicht Unterdrückung bedeuten, sondern willkommene und einsichtige Wegweisung; wo echtes individuelles und kollektives Selbstwertgefühl Platz haben dürfen, ohne andere zu verletzen; kurzum, wo man glücklich ist in allem, was Menschen glücklich machen kann. Ist es ein Wunder, wenn Glaubende ein solches »Reich« nicht sich selber zutrauen, sondern allein von Gott erwarten? Wenn sich darum bei ihnen der Traum vom »goldenen Reich« zur Vorstellung vom »Reich Gottes« verdichtet?

Allzumenschliche Missverständnisse

So hatten auch die Juden vor Jesus und zur Zeit Jesu ihren »Traum« vom Reich, von der Herrschaft Gottes. Und die Predigt Jesu wirkte deswegen so elektrisierend auf seine Zuhörer, weil er mit der Botschaft vor seine Hörer trat: »Die Herrschaft Gottes (das Reich Gottes) ist nahe herbeigekommen« (Mk 1,15).

Nun ist diese Idee des Reiches Gottes, gerade weil so viele konkrete Vorstellungen sie begleiten können, auch besonders vom Missverständnis gefährdet. Wir wissen, wie Jesus alle Mühe daran wenden musste, dass er, der Künder der nahen Gottesherrschaft, nicht von den Volksmassen als Anführer eines Befreiungskrieges gegen die römische Besatzungsmacht vereinnahmt wurde. Dennoch kann man es den Menschen im damaligen Palästina eigentlich kaum übelnehmen, wenn sie an Jesus solche Erwartungen knüpften. Und so ist denn auch die Erwartung eines Reiches Gottes in Verbindung mit politischer Befreiung bei den Juden weitergegangen, bis sie in der blutigen Niederschlagung von Aufständen und in der endgültigen Vertreibung der Juden aus ihrer angestammten Heimat in Palästina endete. In gleicher Weise hat es in der Geschichte der Kirche mehrfach Erwartungen eines bevorstehenden »Reiches Gottes« gegeben, angefangen von der Erwartung der nahen Wiederkunft Christi schon in der Urkirche, über die Erwartung des hereinbrechenden Gottesreiches an der Wende des Jahres 1000, bis hin zu Luther, der mit vielen Zeitgenossen noch zu seinen eigenen Lebzeiten das Ende der Welt erwartete.

Reich Gottes und Kirche

Das alles ist, wie gesagt, verzeihlich, wenn man sich die Not der Menschen, die so träumten, zu Herzen nimmt. Aber es ist falsch. So hatte Jesus es nicht gemeint. Ernst aber ist eine andere Frage: Wie verhält sich denn die Kirche zum Reich Gottes? Vor wenigen Jahrzehnten haben alle katholischen Schulkinder im Religionsunterricht noch gelernt: »Die Kirche ist das Reich Gottes auf Erden.« Ungeheuer viel Denkanstrengung ist im Laufe der Geschichte darauf verwendet worden, diesen Satz zwar vor Missverständnissen abzusichern, ihn aber doch gleichzeitig voll und ganz aufrechtzuerhalten. Auch das ist wiederum nur zu verständlich. Aus dem zusammenbrechenden Römerreich der Antike ging die Kirche als einzige Ordnungsmacht hervor, die Frieden, Geborgenheit, Sicherheit, ein orientiertes Leben ermöglichte. Wie sollten die Christen ihrer Kirche nicht zutrauen, dass sie die Keimzelle des Reiches Gottes sei, sie, die doch so wohltuend und zukunftsweisend das Zusammenleben der Menschen zu prägen begonnen hatte? Anderseits war diese Kirche ja nicht Menschenwerk, sondern Gottes Einrichtung, eine heilige Institution. Hatte sie nicht alle Eigentümlichkeiten, die das Reich Gottes erkennbar machten: konkretes Glück aus Gottes Hand? Da konnten denn auch jahrhundertelange trübe geschichtliche Erfahrungen mit der Menschlichkeit der Kirche nicht dagegen an. Die Kirche war die Verleiblichung des Reiches Gottes, und Christus übte in ihr seine Herrschaft aus.

Erst seit Beginn des 20. Jahrhunderts ist im Zuge neuer Einsichten aus der Bibelwissenschaft und der Theologiegeschichte die These von der Kirche als Reich Gottes auf Erden ins Wanken gekommen. Es hat allerdings bis zum Zweiten Vatikanischen Konzil gedauert, bis man auch offen sagen konnte: Die Kirche ist nicht selbst das Reich Gottes, sie ist vielmehr auf der Pilgerschaft dahin und begleitet diejenigen, weist denen den Weg, die auch dahin unterwegs sind. Und so werden denn in der heutigen Theologie inzwischen mit Nachdruck die Unterschiede herausgearbeitet. Das Reich Gottes ist etwas Endgültiges – die Kirche ist provisorisch. Das Reich Gottes ist Herrschaft Gottes in den Herzen – die Kirche ist nicht nur, aber unweigerlich auch

Institution mit Recht und Gesetz. Das Reich Gottes kommt ausschließlich durch eine Tat Gottes – die Kirche besteht aus Menschen und wird in ihrer konkreten Erscheinungsform von Menschen gestaltet. Und so weiter. Ist das Reich Gottes wieder zurückgesunken in die Welt der reinen Träume, ohne Anhaltspunkt in der Wirklichkeit? Erscheint die Kirche nicht oft wie ein Gegenzeugnis zum Reiche Gottes?

Gott und das Reich Gottes

Sind wir nicht sehr weit entfernt von der Leitfrage, wozu es gut ist, dass wir Gott erkennen? Nur zum Schein. Durch alle Abwandlungen der Idee vom »Reich Gottes« zieht sich der doppelte Grundgedanke, dass allein Gott sein Reich heraufführt, und dass es erlebbares, greifbares, konkretes Glück für die ist, die darin leben. Schalten wir die Missverständnisse aus, dann bleibt übrig, was bei genauerem Hinsehen schon der Kern der Reich-Gottes-Predigt Jesu gewesen ist: Gott ist den Menschen unwiderruflich nahe, und zwar verborgen schon jetzt, offenbar aber bei der Vollendung aller Dinge. Das Wort »Reich Gottes« ist also ein besonderes Hinweis-Wort auf das, was wir durch Jesus Christus von Gott wissen. Es ist ein besonders kräftiges, ein besonders treffendes, ein besonders Hoffnung erweckendes Hinweis-Wort, weil es mehr als alle anderen, insbesondere mehr als alle »sauberen« theologischen Begriffe, *konkrete,* beschreibbare, anschaubare Hoffnungen zusammenfasst und eben deshalb von Missverständnissen bedroht ist. Darum darf man nie vergessen, dass es *nur* ein Hinweis-Wort, nur ein Symbol-Begriff ist.

Auf den einfachsten Nenner gebracht, ist sein Inhalt die Botschaft von der Liebe Gottes zu den Menschen, die in der Liebe unter den Menschen weitergegeben werden soll. In der Tat: Man muss sich nur einmal vorstellen, die Menschen würden untereinander so handeln, wie Gott an ihnen gehandelt hat – die Frage: »Was ist das Reich Gottes«? würde sich von selbst erledigen.

Gerade an dieser Stelle ergibt sich nun aber noch einmal eine Verbindungslinie zwischen Reich Gottes und Kirche, die weit entfernt ist von jeder Identifikation und doch einen engsten und herausfordernden Zusammenhang besagt. Die Kirche ist nicht das Reich Gottes, aber sie steht im *Dienste* des Reiches Gottes. Sie muss also die Liebe Gottes zu den Menschen immer wieder verkünden und den Menschen ins Gedächtnis rufen, und sie muss mit allen Mitteln, wenn es sein muss auch mit institutionellen, die Menschen dazu anhalten, die Liebe Gottes untereinander weiterzugeben. Nimmt die Kirche das ernst, dann wird sie ganz von selbst, sozusagen absichtslos, ein Vorausbild, ein Prospekt, ja eine Keimzelle des Reiches Gottes. In der Kirche könnte dann greifbar, anschaubar werden, worauf man hofft, wenn man auf das Reich Gottes hofft. Ein größerer, aber auch ein noch schrecklicher fordernder Maßstab für die Kirche kann kaum gefunden werden. Und so zeigt sich auch bei der Frage nach dem Reich Gottes wieder, wozu es gut ist, Gott zu erkennen. Im Bild, im »Traum« vom Reiche Gottes lernen wir deutlicher als anderswo, dass Gotteserkenntnis am Ende auf nichts Geringeres hinauskommt als auf vollkommenes Glück. Und weil das so ist, wissen wir, was wir in der Kirche zu tun haben.

26. Kapitel

Was bedeutet es für uns: Gott ist dreieinig?

Es gibt einen boshaften Priesterseminar-Witz, der lautet so: Einmal im Jahr darf, ja muss der Pfarrer über die Köpfe seiner Gemeinde hinwegpredigen, sodass niemand etwas versteht. Und zwar am Dreifaltigkeits-Sonntag (»Sonntag Trinitatis«), dem Sonntag nach Pfingsten, wo über den drei-einen Gott zu predigen ist. Warum darf der Pfarrer an diesem einen Sonntag über die Köpfe der Gemeinde hinwegpredigen? Antwort: Um zu beweisen, dass auch die Theologie eine Wissenschaft ist!

Kleine Erinnerung an alte Katechismuswahrheiten

Der boshafte Witz hat insofern sein dickes Korn Wahrheit, als er daran erinnert, dass in der Theologie die Lehre vom dreifaltigen Gott zum Schwersten vom Schweren gehört. Wer kann das auch schon begreifen: Ein Gott in drei Personen? Was kann man denn in Gott zählen?

Nun haben wir in diesem ganzen Buch einfach von »Gott« geredet. Aber jedes Kreuzzeichen, das wir machen, erinnert uns daran, dass dieser Gott der drei-eine Gott, der drei-faltige Gott ist, Vater, Sohn und Geist. Wenn das die Grundwahrheit unseres Glaubens an Gott ist, verändert sich dann nicht alles, was wir überlegt haben? Und wenn diese Grundwahrheit laut Priesterseminar-Witz so schwer zu verstehen ist, müssen wir dann nicht alle Hoffnung aufgeben, »einfach« von der Erkenntnis Gottes reden zu können, jedenfalls dann, wenn wir nichts in unzulässiger Weise »ver-einfachen« wollen?

Bevor wir antworten, tut es gut, eine kleine Erinnerung an alte Religionsbücher einzufügen. Die Aussage »Gott ist dreifaltig«, oder »Gott ist der eine Gott in drei Personen«, oder: »Gott ist Vater, Sohn und Geist in der Einheit des göttlichen Wesens«, ist keine Aussage, die wir gleichsam »von oben« über Gott treffen. Wir stehen nicht gleichsam auf einer Plattform außerhalb von Gott, von wo aus wir alles überblicken können, was zu Gott gehört, so wie man eine Stadt überblicken kann, wenn man auf einem Fernsehturm steht.

Es ist vielmehr so: Wir lernen aus dem Neuen Testament, dass Jesus Christus »eins mit dem Vater ist«; dass der »Heilige Geist« vom Vater und von Jesus »gesandt« wird, also von ihnen ausgeht, ihrer beider Geist ist; und dass der Vater und der Sohn im Geist bei den Menschen sind. Wenn wir das Neue Testament ernst nehmen, muss man also nicht nur vom Vater, sondern auch vom Sohn (von Jesus Christus) und vom Geist jeweils sagen: Er ist Gott. Dass dies kein späteres Missverständnis der Kirche ist, zeigt sich ja schon an der einfachen Tatsache, dass die Juden im Namen ihres Glaubens an den einen Gott von Anfang an daran Anstoß genommen und gemeint haben, damit würden die Christen wieder zur Vielgötterei zurückkehren, die man in Israel unter so großen Mühen überwunden hatte.

Damit wird die Sache für die Christen freilich nicht einfacher, sondern schwerer. Denn kein Christ konnte ja im Ernst daran denken, den Glauben an den *einen* Gott in Frage zu stellen. Niemals haben die Christen auch gemeint, der Glaube an den drei-einen Gott bedeute Vielgötterei. Und eben um dies auszuschließen, hat denn auch die Theologie solch komplizierte Überlegungen anstellen müssen, um das dreifaltige Geheimnis Gottes aussagen zu können. Wer Mut hat, beschaffe sich einmal ein Handbuch der katholischen Dogmatik (zum Beispiel, weil es vergleichsweise allgemeinverständlich formuliert ist, das Werk von Michael Schmaus »Der Glaube der Kirche«) und verschaffe sich dort einen

Eindruck von den komplizierten Überlegungen der Theologen im Hinblick auf die Lehre vom dreifaltigen Gott. Und das soll etwas mit unserem Glauben zu tun haben? Der doch so einfach sein muss, dass auch *ein Kind* ihn vollziehen kann?

Nun, auf den harten Kern gebracht, will der Glaube an den dreifaltigen Gott zwei Dinge zusammenhalten, die kein Mensch eigentlich zusammendenken kann und die doch zusammengedacht werden müssen: In dem geschichtlichen Menschen Jesus von Nazaret, in der Erfahrung des Geistes in der Kirche seit den Tagen der Urkirche über alle Jahrhunderte hinweg ist wirklich *Gott* bei uns – und nicht nur irgendein besonders bevorzugter »Freund«, »Stellvertreter«, »Repräsentant« Gottes. Und doch ist es nur der eine Gott, der bei uns ist, und nicht etwa drei Götter. Spricht man daher von dem einen göttlichen Wesen und den drei göttlichen Personen, so ist das fast nicht mehr als eine sprachliche Krücke. Man braucht ein Wort – »Wesen« –, um auszudrücken, dass es nur um den einen Gott geht, der nicht gleichsam »in mehreren Exemplaren« existiert. Und man braucht ein anderes Wort – »Person« –, das man auch in der Mehrzahl gebrauchen kann, weil man ja tatsächlich von dreien reden muss: vom Vater, vom Sohn, vom Geist. Die Formulierung »dreifaltiger Gott« oder noch besser: »dreieiner Gott« tut also, bei Licht besehen, nichts anderes, als das Undenkbare und doch Wirkliche uns vor Augen zu stellen, dass Jesus und der Geist mit dem Vater eins sind und doch nicht dieselben wie der Vater.

Dafür lässt sich der Christ gern des Bruchs mit jeglicher Logik bezichtigen. Aber man braucht nur einmal eine Gegenprobe zu machen und sich vorzustellen: Jesus von Nazaret ist nicht eins mit dem Vater; der Geist ist bestenfalls irgendeine namenlose Kraft, aber nicht göttlichen Wesens. Wir müssten dann nicht nur eine Reihe von Texten des Neuen Testamentes einfach streichen, wir könnten auch nicht mehr begreifen, wieso unser Heil an Jesus Christus, an ihm allein hängt, und wieso wir durch den Geist Gottes wirklich über unsere eigene Macht hinaus zu neuen Menschen geworden sind. Man kann insofern den Anhängern des jüdischen Glaubens nicht bestreiten: Letztlich hängt an der Lehre vom dreifaltigen Gott der ganze Unterschied zwischen Christentum und Judentum.

Über Gott lernen wir dadurch freilich, dass er noch unendlich geheimnisvoller ist, als alle Ahnungen vernünftiger Bemühung um Gotteserkenntnis und als selbst der Gottesglaube Israels uns klarmachen konnten. Vor diesem Geheimnis werden wir letztlich, allen Dogmatik-Lehrbüchern zum Trotz, immer blind bleiben, und das Eingeständnis dieser Blindheit gehört zum Wesen unserer Gotteserkenntnis hier auf dieser Erde. Umso dringlicher ist nun die Frage: Ändert sich dadurch etwas an unseren bisherigen Überlegungen?

Der drei-eine Gott und unsere Gottesfrage

Wir wollen nüchtern und knapp ein paar Hinweise zusammenstellen – und müssen alles andere weiterer Lektüre und weiterem persönlichen Nachdenken überlassen.

1. Durch den Hinweis, dass der Christ an den einen Gott als Vater, Sohn und Geist glaubt, ändert sich keine einzige unserer *Fragen* nach Gott, die wir in diesem Buch aufzunehmen versuchen. Wenn diese Fragen gerade im Glauben nicht vor einem »Gott« im Allgemeinen, sondern vor Vater, Sohn und Geist enden, bedeutet das bloß: Die Antwort ist »komplizierter«, vielschichtiger, für menschliche Vernunft unerschwinglicher geworden, aber nicht, auch nur eine unserer Fragen sei dadurch schon ins Unrecht gesetzt.

2. Die Antwort des Glaubens auf unsere Gottesfrage ist – und das kann man ohne alle »komplizierte Theologie« einsehen – »reicher« als alles, was wir im »günstigsten« Fall erhoffen konnten. Wie froh und dankbar wären wir schon, wenn sich auf unsere Fragen nach Gott ein Gott zeigte, der sich um uns kümmert und mit uns ist. Wie unerwartet und unverdient ist es schon, dass wir den Gedanken wagen dürfen: Gott hat sich uns »offenbart«, hat sich uns »anvertraut«. Wir haben ja über das »Risiko« nachgedacht, das Gott damit eingeht (vgl. oben das 2. Kapitel).

»Drei-einer Gott«, das bedeutet nun: Die Spannung zwischen Offenbarung und Verhüllung, zwischen Sich-Anvertrauen und Sich-Entziehen, zwischen Kennenlernen und Erst-recht-nicht-mehr-Kennen wird unauslotbar. Wie Gott der eine Gott in drei Personen ist, werden wir in Ewigkeit nicht ausschöpfen. Es wird uns immer neu zu denken geben.

3. Der Glaube an den drei-einen Gott lehrt uns die Zusammenhänge besser verstehen, warum es gut ist, dass wir Gott erkennen. Ja, man muss sogar sagen: Alle Gotteserkenntnis ist eigentlich nur deshalb gut, weil es Erkenntnis des drei-einigen Gottes ist. Das ist keine Übertreibung. Gerade weil nämlich all unser Bemühen, die Dreieinigkeit Gottes zu begreifen, vor der Wirklichkeit immer wieder versagt, sagen diese Denkbemühungen, darauf hat man schon lange mit Recht hingewiesen, eigentlich mehr über uns selbst als über Gott aus. Die »klassische« Lehre vom dreieinigen Gott versucht zum Beispiel, dieses Geheimnis aus einem Vergleich mit dem geistigen Leben des Menschen zu verstehen: Wie der Geist des Menschen sich in Erkenntnis und Liebe vollzieht, so »zeugt« Gott das Wort und liebt in ihm sein eigenes Ebenbild, die Ausprägung des ganzen Reichtums seiner ewigen Gedanken. Eine solche Theorie ist nicht nur Punkt für Punkt von der Bibel selbst angeregt, sondern sie zeigt auch, wie der Mensch, der eine solche Theorie macht, sich selbst versteht. Heutige Theologen gehen zur Erklärung desselben Geheimnisses gern von dem Satz aus, dass Gott die Liebe ist, und denken dann weiter: Liebe richtet sich auf ein Gegenüber und sucht den liebenden Dialog. Darin spiegelt sich die ganze Sehnsucht des heutigen

Menschen, den unzerstörbaren Grund zu finden, auf dem man sagen kann: Allen Erfahrungen zum Trotz ist die Liebe die Grundkraft der Welt.

Gesteht man sich das erst einmal ein, dann wird jetzt auch eine Überlegung aus umgekehrter Richtung möglich: Sollte nicht dann die geheimnisvolle Wahrheit, dass Gott sich uns als Vater, Sohn und Heiliger Geist geoffenbart hat, der tiefste Grund dafür sein, dass unser geistiges Leben, die Spitze unseres Menschseins, sich so vollzieht, wie es ist? Sollte hier nicht auch der tiefste Grund dafür zu suchen sein, dass Menschen keine Inseln, sondern Gemeinschaftswesen sind, die ihr Menschsein in Austausch und Liebe gewinnen? Eine meditierende Suche nach den »Spuren der Dreieinigkeit« in der Schöpfung nimmt hier ihren Ausgang. Es gibt gläubige Naturwissenschaftler, die in ihren Forschungen zur Atomphysik mit dem Blick des Glaubens die Spuren des dreifaltigen Geheimnisses Gottes aufdecken zu können meinen. Es gibt keinen Grund, das abzutun.

4. Vor allem aber zeigen sich erst im Licht des Glaubens an den dreifaltigen Gott in letzter Deutlichkeit die Zusammenhänge unseres Heils. Fast möchte man als Christ schon fragen: Was wäre ein Gott, der souverän »vom Himmel her«, also aus seiner unzugänglichen Weltjenseitigkeit, seiner »Transzendenz« heraus wirkte, aber eben nur auf diese Weise seines *Wirkens,* nicht »selbst«, »persönlich« bei uns sein könnte? Schon der Grundsatz des christlichen Glaubens, dass Gott allen Ernstes »Mensch geworden« ist, zwingt zu der undenkbaren, aber denknotwendigen Idee, dass es in Gott Mehrfalt geben muss, Kommunikation, Unterschied in der Einheit. Und der Satz, dass Gott seinen Sohn »sandte«, zwingt zu der Annahme, dass da jemand gesandt werden konnte. Ähnliches gilt vom Geist.

Aber wahrscheinlich haben wir uns hier mit hurtigen Schlussfolgerungen schon viel zu weit vorgewagt. Wir werden nicht am Ende die Drei-Einheit Gottes gar noch »beweisen« können. Dass es aber jetzt erst voll verständlich wird, wenn wir sagen: Gott hat unser Leben und Leiden geteilt, Gott hat sich in die Ohnmacht begeben, Gott ist Mensch geworden, ja, Gott ist gestorben, wie es ein altes Kirchenlied formuliert: »O große Not, Gott selbst ist tot«, das können und müssen wir mit Entschiedenheit sagen. Das gehört mit hinein, wenn wir sagen: Gott hat »sich uns anvertraut«. Er hat uns nicht nur, all unser Verstehen überfahrend, gesagt, dass er mit uns ist, sondern uns auch in konkreten Worten und Vorstellungen – Vater, Sohn, Geist – Anhaltspunkte gegeben, zu verstehen, wie das möglich ist, ohne dass Gott aufhört, der eine Gott zu sein.

Wir sollten, ohne es ausführen zu können, erwähnen, dass dies alles auch Folgen für unser Beten hat. Kann es christlich sein, nur noch irgendwie »zu Gott« zu beten? Müssen wir nicht ganz bewusst zum Vater, zum Sohn und um den Heiligen Geist beten? Es ist aus all dem sicher deutlich, dass wir vorsichtig sein müssen, wenn wir sagen: Der Glaube an den dreieinen Gott ist die Grundwahrheit des christlichen Glaubens. Das ist richtig, aber es ist nicht die erste Wahrheit, die wir über Gott erkennen. Ganz am Ende, wenn wir gleichsam den ganzen christlichen Glauben durchwandert haben, kommen wir an diesen äußersten Punkt, wo wir das ganz Undenkbare sagen, sagen müssen: Gott ist drei-einig. Damit sagen wir aber mit letzter, zusammenfassender Deutlichkeit, warum es gut ist, Gott zu erkennen.

Statt eines Schlusswortes

Gott finden in allen Dingen

Es ist ein Grundsatz der christlichen Frömmigkeit, den Ignatius von Loyola (1491–1556), der Gründer des Jesuitenordens, seiner Ordensgemeinschaft mitgegeben hat und der seitdem für zahllose Christen ein Leitmotiv ihres Lebens geworden ist: Gott finden in allen Dingen. Wir lassen uns von diesem Satz anregen, zusammenzufassen, was wir überlegt haben.

Finden und Suchen

Manchmal finden wir etwas, ohne danach zu suchen, manchmal ist das Finden Ergebnis angestrengter und gezielter Suche. Zweifellos kann es geschehen, dass wir Gott finden, ohne dass wir ihn gesucht haben. Die Erkenntnis Gottes, zumindest die Ahnung Gottes kann uns überfallen wie eine plötzliche, unerwartete Erfahrung, ja, wie ein Erlebnis. Gewiss müssen wir dann prüfen, wir müssen unterscheiden lernen, ob wir wirklich Gott gefunden haben oder nicht doch nur ein Bündel eigener Wünsche, Erfahrungen und Sehnsüchte. Doch brauchen wir nicht zu zweifeln: Menschen können auch auf diese Weise Gott finden, und das erweist sich immer daran, wie ein solches »Finden« anschließend das Leben eines solchen Menschen verändert. Solche Gotteserkenntnis hat es gewiss »leichter« als andere Weisen der Gotteserkenntnis. Wem sie geschenkt wird, der hat allen Anlass, dafür dankbar zu sein und sich das nicht als besondere Tugend anzurechnen.

Auf andere Weise ist Erkenntnis Gottes das Ergebnis bewussten und manchmal anstrengenden Suchens. Dies ist sogar das Normale. Auch hier kann es sein, dass der *Anlass* dazu wieder ein Finden ohne Suchen ist, eine das Leben ändernde Erfahrung, ein Glück oder Unglück, aber auch ein über längere Zeit sich hinziehender Lernprozess, ein Wachwerden. Auf einen Nenner gebracht: Es sind die Erfahrung oder auch der »Lernerfolg«, dass wir uns an allen Ecken unseres Lebens nicht selbst genügen.

Aber dann, danach, macht Gotteserkenntnis »Arbeit«. Unsere Augen müssen scharf, unser Fragen bohrend, unser Gehör genau werden. Wir müssen immer wieder uns selbst »überschreiten«, die Erfahrungen des Ungenügens offenhalten, die Wunden schmerzen lassen, aber auch die Glückserfahrungen voll auskosten, um den letzten Rest der Einbildung zu vertreiben, dass sie nur unser Werk und nicht vielmehr unverfügbares Geschenk sind. Dazu müssen wir immer wieder die »Orte« der Gotteserkenntnis aufsuchen, von denen wir im zweiten Teil des Buches gesprochen haben und an denen wir Erkenntnis und Ahnung Gottes in immer neuer Richtung vertiefen können.

Wer so Gott findet in allen Dingen – wirklich in *allen* –, bei dem kann das Ende, wie es Romano Guardini einmal formulierte, ein »Umbau des Wirklichkeitsbewusstseins« sein. Ja, selbst das ist möglich und völlig unverdächtig: Die Wirklichkeit Gottes ist mir am Ende wirklicher als alle Wirklichkeit der Welt. Wir fliehen nicht aus ihr, schon gar nicht halten wir sie für Schein, wie es gelegentlich in der Geschichte des christlichen Glaubens geschah. Aber Gott ist noch wirklicher, weil er die Macht der Wirklichkeit hinter aller Wirklichkeit unserer Welterfahrung ist. Der Satz des Johannesevangeliums: »Das aber ist das ewige Leben: dass sie dich erkennen als den einzig wahren Gott und Jesus Christus als deinen Gesandten« (Joh 17,3), ist dann kein großes Wort mehr, sondern schlichte Selbstverständlichkeit. Tausendfältige christliche Erfahrung bezeugt, dass man dazu kein Mystiker sein muss; dass es vielmehr alltägliche christliche Glaubenserfahrung sein kann. Schließen wir mit zwei Fragen:

Unsicherheit im Glauben

Was können wir tun, wenn nun eben der Glaube, an dem doch alle Gotteserkenntnis hängt, uns unsicher wird? Wenn wir das Gefühl haben, der Boden schwindet unter unseren Füßen, und wir verlieren den Halt? Der Theologe ist geneigt, eine eilfertige Antwort zu geben: Nichts tun, auf sich warten, die Unsicherheit ertragen. Und er hat dafür den denkbar besten Grund: Glaube ist Gnade, nicht unsere Leistung, Unsicherheit ist daher Prüfung und wird durch Gott selbst behoben, nicht durch menschliche Anstrengung. Das ist und bleibt richtig – und doch darf es bei dieser Antwort allein nicht bleiben. Man kann eine Menge tun, um mit der Unsicherheit im Glauben umzugehen – sie ist ja gerade heute immer wieder das Schicksal wacher und bewusst nach ihrem Glauben fragender Christen. Man kann sich besser als bisher im Glauben fortbilden. Man kann versuchen, Missverständnisse der Glaubensbotschaft auszuschalten. Man kann vor allem den Weg zum Glauben immer wieder von Gestein und Unkraut freihalten, sodass man ihn jederzeit von Neuem gehen kann. Denn der Glaube wächst und reift ja an eben jenen menschlichen Grunderfahrungen, die gleichzeitig immer wieder der Anlass der Unsicherheit sind. Das gleiche menschliche, weltliche Leben, das wir im Glauben anschauen und auf Gott hin durchsichtig machen sollen und können, will auch immer wieder den Glauben Lüge strafen. Wer unsicher im Glauben wird, sollte mutig sagen: Dann fangen wir noch einmal an! Wer das tut, immer wieder tut, der allerdings darf dann den Rest getrost Gott überlassen, darf auf sich selbst warten, darf warten, bis Gott ihm wieder deutlich wird, womöglich dann und da, wo er gar nicht damit rechnet. Denn so entspricht es dem Wesen des Glaubens, der immer gegen den Augenschein geht und darum immer bedroht und angefochten bleibt. Martin Luther hat daher genau zwischen »Gewissheit« des Glaubens hinsichtlich seines Inhaltes und (unmöglicher) »Sicherheit« des Glaubens hinsichtlich seines Vollzuges unterschieden. Jeder katholischen Christenmensch kann das nachvollziehen.

Anschauung Gottes

»Jetzt sehen wir wie im Spiegel auf ein Rätselbild« (1 Kor 13,12), diesen Satz des Apostels Paulus haben wir schon einmal zitiert (oben im 10. Kapitel). Aber der Satz fährt fort: »Dann aber von Angesicht zu Angesicht.« Wie sollen wir uns vorstellen, Gott von Angesicht zu Angesicht zu schauen – ihn also wirklich, voll und ganz zu erkennen, soweit ein geschöpflicher Geist das überhaupt kann?

Durch die ganze christliche Glaubensüberlieferung zieht sich die Überzeugung, dass die Anschauung Gottes der Inbegriff der Seligkeit ist. Wenn wir mit dieser Überzeugung manchmal herzlich wenig anfangen können, so liegt das wahrscheinlich daran, dass wir uns diese Anschauung Gottes etwa so vorstellen, dass wir vor einer Statue sitzen und diese beständig anschauen. Das ist aber ganz und gar falsch. Um eine solche Idee ein für alle Mal aus unserem Kopf zu vertreiben, brauchen wir nur ernst zu nehmen, dass uns ewiges *Leben* verheißen ist – und eigentlich nicht »ewige Ruhe«.

Wir können es uns aber noch etwas deutlicher vorzustellen versuchen. Ist es denn so unbegreiflich, dass es namenloses Glück sein könnte, alle Rätsel des Lebens gelöst zu bekommen? Lassen wir doch nur noch einmal an unserem Auge vorbeiziehen, *was* für Rätsel das in Wahrheit sind. Ist es nicht wirkliches Glück, die Orte der Gotteserkenntnis nicht mehr suchen zu müssen, sondern wie selbstverständlich dort zu sein? Ist es nicht wirkliches Glück, in der Gemeinschaft aller Menschen in einen Austausch einzutreten, von dem unsere begrenzten Wissensmöglichkeiten hier nicht einmal träumen können? Ist es nicht wirkliches Glück, wenn die Erkenntnis Gottes unser Denken und Fühlen so beherrscht, dass überhaupt keine Neigung mehr besteht, anders als so zu handeln, wie es der Liebe Gottes entspricht?

Anschauung Gottes heißt: Wir finden Gott, ohne ihn noch länger suchen zu müssen. Wir *haben* ihn gefunden, weil er uns endgültig und unverlierbar gefunden hat.

Anschauung Gottes heißt: Niemand braucht mehr ein solches Buch zu schreiben, und niemand braucht es mehr zu lesen.

Nachwort zur Neuauflage

Die Neuauflage auch dieses Buches – wie schon bei »Die Zehn Gebote« (2011) – geht auf die Initiative des Verlages zurück, also auf Frau Gertrud Widmann. Das erfüllt mich mit dankbarer Freude. Die Überarbeitung hält sich in engen Grenzen – vor allem Aktualisierung von Zeitangaben und stilistische Verbesserungen.

In den Hinweisen auf weiterführende Bücher habe ich einige sehr alte, kaum noch erreichbare Titel gestrichen, dafür neue hinzugefügt, darunter auch das eine und andere »fachtheologische« Buch für solche Leserinnen und Leser, die es besonders intensiv und in allen Einzelheiten wissen wollen.

Erneut gilt mein ganz herzlicher Dank der Lektorin, Frau Anneliese Hück, für ihre ebenso aufmerksamen wie feinfühligen Anregungen zur Verbesserung des Textes und zur Behebung von möglichen Missverständnissen. Fast immer habe ich ihre Anregungen befolgt. Wohl dem Autor, dem solch eine Lektorin so hilfsbereit zur Verfügung steht!

Nun kann ich nur hoffen, dass dieses kleine Buch vor allem solchen Christinnen und Christen eine Hilfe im Glauben sein möge, die verunsichert sind durch die »neuen Atheismen«, von denen sie bis in die Tagespresse hinein Kenntnis nehmen, ohne doch die manchmal frustrierenden gedanklichen Anstrengungen in der theologischen Diskussion verfolgen zu können.

Am Fest des Ereignisses,
da die Botschaft vom Gott Jesu
Macht über die Herzen gewann:
Pfingsten 2012

Otto Hermann Pesch

Hinweise auf weiterführende Bücher

Die folgenden Hinweise nennen Bücher, gelegentlich auch Aufsätze, aus denen ich viele Anregungen empfangen und manche in diesem Buch verarbeitet habe. Sie sind daher geeignet, die Ausführungen dieses Buches zu vertiefen. Die Bücher, auf die im Buch selber schon hingewiesen wurde, sind dann hier aufgeführt, wenn sie grundsätzlich zum Thema dieses Buches Ausführungen enthalten, nicht aber, wenn der Hinweis nur ein »Aufhänger« zur Einleitung war.

Ich nenne zuerst Bücher zum Thema dieses Buches im Ganzen, danach solche zu den einzelnen Kapiteln. Dabei kann es vorkommen, dass ein und dasselbe Buch auch zum Thema anderer Kapitel etwas sagt als zu dem, bei dem es aufgeführt wird. Ich nenne trotzdem jedes Buch nur einmal – wer nachschaut, wird schon selber merken, wo auch für andere Themen noch etwas abfällt.

Die Reihenfolge der genannten Bücher folgt sachlichen Gesichtspunkten, und innerhalb eines Gesichtspunktes der Reihenfolge des Erscheinungsjahres.

Wie schon im Vorwort gesagt, kann man zur Frage dieses Buches von evangelischen Theologen genauso viel lernen wie von katholischen. Ich nenne daher ohne Scheu auch Bücher evangelischer Verfasser. Zur Information füge ich jeweils hinter den Namen den Hinweis (ev.) an.

Zum Thema dieses Buches im Ganzen: Kleinere Bücher in der Art dieses Buches sind: Heinrich Fries, Von der Partnerschaft Gottes. Wir sind nicht allein, Freiburg i. Br. 1975; Hans Jürgen Baden (ev.), Es wird Zeit, an Gott zu denken, Hamburg 1970; Walter Kasper, Einführung in den Glauben, Mainz 1972, ^{7}1983; Franz-Josef Nocke, Liebe, Tod und Auferstehung. Über die Mitte des Glaubens, München 1978, ^{4}2005; Otto Hermann Pesch, Rechenschaft über den Glauben (= Topos-Taschenbuch 5), Mainz 1972, ^{3}1983; Otto Hermann Pesch, Kleines katholisches Glaubensbuch (= Topos-Taschenbuch 29), Mainz 1974, erweitert (= Topos-Taschenbuch 539): Ostfildern ^{16}2009; Willi Hoffsümmer, Glaube trägt. Kleiner Katechismus für junge und erwachsene Christen, Mainz 1979/Ostfildern ^{13}2007; Herbert Vorgrimler, Theologische Gotteslehre, Düsseldorf 1982; Oswald

Bayer (ev.), Aus Glauben leben. Über Rechtfertigung und Heiligung, Stuttgart 1984.

Wer umfassende Information und Weiterführung sucht, sollte sich an folgende große Bücher heranwagen: Glaubensverkündigung für Erwachsene. Deutsche Ausgabe des »Holländischen Katechismus«, Freiburg i. Br. 1969; Neues Glaubensbuch. Der gemeinsame christliche Glaube, hg. von Johannes Feiner und Lukas Vischer, Freiburg i. Br. 1973, ^{19}1992 (Versuch einer gemeinsamen, evangelisch-katholischen Gesamtdarstellung des christlichen Glaubens, soweit die konfessionellen Unterschiede das irgend zulassen); Gott – Mensch – Universum. Der Christ vor den Fragen der Zeit, hg. von Johannes Hüttenbügel, Graz 1974; Jörg Zink (ev.), Erfahrung mit Gott. Einübung in den christlichen Glauben, Stuttgart 1974, Neuausgabe 2008; Gotthold Hasenhüttl, Einführung in die Gotteslehre, Darmstadt 1980; Walter Kasper, Der Gott Jesu Christi, Mainz 1982, Neuausgabe: Gesammelte Schriften Bd. 4, Freiburg 2008; Katholischer Erwachsenenkatechismus, hg. von der Deutschen Bischofskonferenz, Kevelaer u. a. 1985; Theodor Schneider, Was wir glauben. Eine Auslegung des Apostolischen Glaubensbekenntnisses, Düsseldorf 1985; Ronaldo Munoz, Der Gott der Christen, Düsseldorf 1987; Traugott Koch (ev.), Mit Gott leben. Eine Besinnung auf den Glauben, Tübingen 1989; Alexander Loichinger, Frage nach Gott, Paderborn 2003; Hans Joachim Sander, Einführung in die Gotteslehre, Darmstadt 2006; Armin Kreiner, Das wahre Antlitz Gottes oder was wir meinen, wenn wir Gott sagen, Freiburg i. Br. 2007; Jürgen Werbick, Gott verbindlich. Eine theologische Gotteslehre, Freiburg i. Br. 2007.

Lehrreiche und aktuelle Vergleiche zum christlichen Gottesglauben bieten: Glauben an den einen Gott. Menschliche Gotteserfahrung im Christentum und im Islam, hg. von Abdoldjavad Falaturi und Walter Strolz, Freiburg i. Br. 1975; Drei Wege zu dem einen Gott. Glaubenserfahrung in den monotheistischen Religionen, hg. von Abdoldojavad Falaturi, Jakob J. Petuchowski und Walter Strolz, Freiburg i. Br. 1976; Hans Küng/Josef van Ess u. a., Christentum und Weltreligionen, München 1984; Regina und Michael von Brück, Ein Universum voller Gnade. Die Geisteswelt des tibetischen Buddhismus, Freiburg i. Br. 1987.

Meditative Erschließung bei: Wolfhart Pannenberg (ev.), Gegenwart Gottes. Predigten, München 1973; Carlo Caretto, Denn du bist mein Vater. Bekenntnis eines Lebens, Freiburg i. Br. 1975; Johannes

Bours, Der Gott, der mein Hirte war mein Leben lang. Mit Bibelworten beten, Freiburg i. Br. 1977; Rudolf Walter (Hg.), Die hundert Namen Gottes. Tore zum letzten Geheimnis, Freiburg i. Br. 1985.

Zu Kapitel 1: Heinrich Fries, Herausgeforderter Glaube, München 1968; Eugen Biser, Glaubensprobleme, Augsburg 1970; Paul Weß, Befreit von Angst und Einsamkeit. Der Glaube der Gemeinde, Graz 1973 (ein vorzügliches Buch auch zum Gesamtthema dieses Buches). Jörg Splett, Reden aus Glauben. Zum christlichen Sprechen von Gott, Frankfurt am Main 1973; Karl Rahner, Glaube als Mut, Zürich 1976; Norbert Reck, Abenteuer Gott. Den christlichen Glauben neu denken, Darmstadt 2003.

Zu Kapitel 2 und 3: Diego Arenhoevel, Die Gesetzgebung am Sinai, in: Wort und Antwort 10 (1969) 21–26; 45–51; 70–74; Diego Arenhoevel, Die Bedeutung der Heiligen Schrift, in: Wort und Antwort 10 (1969) 116–121; 146–148; 173–179; 11 (1970) 13–17; 39–44; 87–90; Klaus Koch (ev.), Das Buch der Bücher. Die Entstehungsgeschichte der Bibel, Berlin – Heidelberg ^{2}1970; Diego Arenhoevel, So wurde Bibel. Ein Sachbuch zum Alten Testament, Stuttgart 1974; Alfons Deissler, Die Grundbotschaft des Alten Testaments. Ein theologischer Durchblick, Freiburg i. Br. 1972; Walter Strolz, Gottes verborgene Gegenwart. Denkanstöße aus der Bibel, Freiburg i. Br. 1976; Wolfgang Trilling, Die Botschaft Jesu. Exegetische Orientierungen, Freiburg i. Br. 1978; Gerhard Lohfink, Jetzt verstehe ich die Bibel. Ein Sachbuch zur Formkritik, Stuttgart 1973, ^{12}1983.

Zu Kapitel 4: Wer hier mehr wissen will, muss sich anstrengen – ein Mittleres gibt es nicht. Wer zur Anstrengung bereit ist, lernt viel in den entsprechenden Abschnitten bei: Karl Rahner, Grundkurs des Glaubens. Einführung in den Begriff des Christentums, Freiburg i. Br. 1976, Neuausgabe (12. Aufl. der Sonderausgabe) 2008; Reinhard Göllner/Heinz-Jürgen Görtz/Klaus Kienzier, Einladung zum Glauben. Vom Verstehen des Menschen zum Verstehen des Glaubens, Freiburg i. Br. 1979; Jörg Splett, Gotteserfahrung im Denken. Zur philosophischen Rechtfertigung des Redens von Gott, Freiburg i. Br. ^{2}1978; Klaus Müller, Gott erkennen. Das Abenteuer der Gottesbeweise, Regensburg 2001. – Und in den beiden großen Büchern von Hans Küng, Christsein, München 1974, als Tb 1976; Hans Küng, Existiert Gott? Antwort auf die Gottesfrage der Neuzeit, München 1978; als Tb 1981.

Zu Kapitel 5 und 6: Heinrich Fries, Abschied von Gott? Eine Herausforderung – ein Theologe antwortet, Freiburg i. Br. 1972; Josef Blank u. a., Gottfrage und moderner Atheismus, Regensburg 1972, ^{2}1974; Heinz Zahrnt (ev.), Gott kann nicht sterben. Wider die falschen Alternativen in Theologie und Gesellschaft, München 1970; Sigurd Daecke (ev.), Der Mythos vom Tode Gottes. Ein kritischer Überblick, Hamburg ^{2}1970; Magnus Striet (Hg.), Wiederkehr des Atheismus. Fluch oder Segen für die Theologie?, Freiburg i. Br. 2008; Herder Korrespondenz Spezial, Oktober 2011: Streitfall Gott. Zugänge und Perspektiven. Zum besonderen Problem des Dialogs zwischen Christentum und Marxismus: Rupert Lay, Zukunft ohne Religion. Die Welt vermenschlichen? Ein Problem für den Marxismus und das Christentum, Olten 1970; Marxisten und die Sache Jesu, hg. von Iring Fetscher und Milan Machovec, München–Mainz 1974; Dietmar Mieth, Gotteserfahrung und Weltverantwortung. Über die christliche Spiritualität des Handelns, München 1982; Franz Kamphaus, Der Preis der Freiheit. Anstöße zur gesellschaftlichen Verantwortung der Christen, Mainz 1987.

Und hier die im Zusammenhang der beiden Kapitel erwähnten Bücher: Dorothee Sölle, Stellvertretung. Ein Kapitel Theologie nach dem »Tode Gottes«, Stuttgart 1965, ^{5}1968; Dorothee Sölle, Atheistisch an Gott glauben. Beiträge zur Theologie, Olten 1968, ^{3}1969, dtv-Taschenbuchausgabe 1983; Ernst Bloch, Atheismus im Christentum. Zur Religion des Exodus und des Reichs, Frankfurt a. M. 1968.

Zu Kapitel 7 und 8: Otto Hermann Pesch, Gotteserfahrung heute, in: ders., Dogmatik im Fragment, Mainz 1987, 51–88; zum menschlichen Hintergrund unserer Überlegungen, nämlich Auseinandersetzung mit unserer einseitig vernunftbetonten Kultur: Otto Betz, Eine Prise Glück. Einladung zum Leben, München 1976; Otto Betz, Der königliche Bettler. Vom Werden der Person, München 1979; Richard Schaeffler, Fähigkeit zum Glück, Zürich 1977; Michael Graff, Ich möchte glauben. Wegbeschreibung, Freiburg i. Br. 1984. Zu Gott als »Horizont« freue ich mich des Einklangs mit Hans-Joachim Höhn, Der fremde Gott, Würzburg 2011.

Wer sich in diesem Zusammenhang verlässlich und nicht nur vom Hörensagen über die »charismatische Erneuerungsbewegung« informieren will, liest am besten: Heribert Mühlen, Einübung in die christliche Grunderfahrung, I: Lehre und Zuspruch; II: Gebet und

Erfahrung (= Topos-Taschenbücher 40 und 49), Mainz 1976; Erfahrungen mit dem Heiligen Geist. Zeugnisse und Berichte, hg. von Heribert Mühlen (= Topos-Taschenbuch 90), Mainz 1980; Geistesgaben heute, hg. von Heribert Mühlen, Mainz 1982; Francis A. Sullivan, Die Charismatische Erneuerung. Wirken und Ziele, Graz 1984.

Zu Kapitel 9 und 10: Harvey Cox, Stadt ohne Gott?, Stuttgart 1966, [3]1967. Wer sich an den theologischen Diskussionsstand zur Frage des »persönlichen Gottes« heranwagen will, sei hingewiesen auf die Zeitschrift CONCILIUM, Jahrgang 1977, Heft 3, das ganz diesem Thema gewidmet ist.

Zu Kapitel 11: Günther Ludwig, Das naturwissenschaftliche Weltbild des Christen, Osnabrück 1962; Jean Gebser, Der unsichtbare Ursprung. Evolution als Nachvollzug, Olten 1970; Heinrich Fries/ Peter Glockmann, Ich sehe keinen Gott. Ein Dialog zwischen Naturwissenschaft und Theologie, Stuttgart 1971; Gisbert Greshake, Die Wüste bestehen. Erlebnis und geistliche Erfahrung, Freiburg i. Br. 1979; ders., Gott in allen Dingen finden. Schöpfung und Gotteserfahrung, Freiburg i. Br. 1986. – Siehe auch die Angaben zu Kapitel 18!

Zu Kapitel 12: Zur Anregung zunächst: Wer ist Jesus von Nazaret – für mich? 100 zeitgenössische Zeugnisse, hg. von Heinrich Spaemann, München 1972; Zur Sache: Josef Blank, Jesus von Nazareth. Geschichte und Relevanz, Freiburg i. Br. 1972; Ferdinand Kerstiens, Der Weg Jesu (= Topos-Taschenbuch 14), Mainz 1973; Heinrich Fries, Von der Lebenskraft des Glaubens, Freiburg i. Br. 1979; Traugott Holtz (ev.), Jesus aus Nazaret. Was wissen wir von ihm?, Zürich 1981; Heinz Zahrnt, Jesus von Nazaret. Ein Lebensbild, München 1987. Zur biblischen Meditation: Rainer Ruß, Keiner glaubt für sich allein. Christusbegegnungen im Lukas-Evangelium, Düsseldorf 1976; Rainer Ruß, Bleib nicht zurück am Ufer. Christusbegegnungen im Matthäusevangelium, Düsseldorf 1977; Gottfried Bachl, Der benedeite Engel. Theologische Prosa, Freiburg i. Br. 1987; Franz Mussner, Was hat Jesus Neues in die Welt gebracht?, Stuttgart 2001; Gerhard Lohfink, Jesus von Nazareth – Was er wollte, wer er war, Freiburg i. Br. 2012.

Das am Anfang des Kapitels genannte »schwere« Buch ist: Jesus. Ort der Erfahrung Gottes. Mit Beiträgen von Bernhard Casper u. a., Freiburg i. Br. 1976.

Zu Kapitel 13: Otto Hermann Pesch, Sprechender Glaube. Entwurf einer Theologie des Gebetes, Mainz 1970, bes. Kap. 6; ders., Das Gebet (= Topos Taschenbuch 95), Mainz 1980; beide Bücher, das erste zusammenfassend, jetzt in einem Band unter dem Titel: Sprechender Glaube. Heute beten (Topos Taschenbuch 827), Kevelaer 2013; Hans Küng, Gottesdienst – warum?, Zürich 1976; CONCILIUM 18 (1982) H. 11.

Zu Kapitel 14: Ulrich Horst, Umstrittene Fragen der Ekklesiologie, Regensburg 1970 (hinter dem fachtheologischen Titel – »Ekklesiologie« ist die theologische Lehre von der Kirche – verbirgt sich ein allgemeinverständlich geschriebenes Buch zu allen Fragen um die Kirche, die Christen von heute bedrängen); Theodor Schneider, Plädoyer für eine wirkliche Kirche. »Gemeinsam glauben«, Stuttgart 1972; Walter Kasper (kath.)/Jürgen Moltmann (ev.), Jesus ja – Kirche nein? Zürich 1973; Joseph Ratzinger/Karl Lehmann, Mit der Kirche leben, Freiburg i. Br. 1977; Religiös ohne Kirche? Eine Herausforderung für Glaube und Kirche, hg. von Karl Forster (= Topos-Taschenbuch 66), Mainz 1977; Norbert Mette, Kirchlich distanzierte Christlichkeit. Eine Herausforderung für die praktische Kirchentheorie, München 1982; Norbert Lohfink, Kirchenträume. Reden gegen den Trend, Freiburg i. Br. 1983; Walbert Bühlmann, Von der Kirche träumen. Ein Stück Apostelgeschichte im 20. Jahrhundert, Graz 1986.

Zu Kapitel 15: Ladislaus Boros, Erlöstes Dasein (= Topos-Taschenbuch 2), Mainz 1974, ^{6}1989.

Zu Kapitel 16: Ladislaus Boros, Im Menschen Gott begegnen (= Topos-Taschenbuch 78), Mainz 1980, ^{7}1984; José Comblin, Das Bild vom Menschen, Düsseldorf 1987.

Zu Kapitel 17: Frömmigkeit in einer weltlichen Welt, hg. von Hans Jürgen Schultz (ev.), Stuttgart 1959; Elmar Gruber, Wege zur Mitte. Das Leben aus dem Glauben betrachten, München 1979.

Zu Kapitel 18: Hans Rudolf Müller-Schwefe (ev.), Technik und Glaube. Eine permanente Herausforderung, Göttingen–Mainz 1971; Norbert Lohfink, Unsere großen Wörter. Das Alte Testament zu Themen dieser Jahre, Freiburg i. Br. 1977; André Dumas (ev.), Planung und Verheißung. Das Evangelium in der Industriegesellschaft, Düsseldorf 1978; Alexandre Ganoczy, Evangelium und alternative Lebensformen, in: Wort und Antwort 21 (1980), 1–7; Martin Hailer (Hg.), Glauben und Wissen. Arbeitsbuch Theologie und Philosophie, Göttingen 2006; Hans Kessler, Den verborgenen Gott suchen. Gottesglaube in einer von Naturwissenschaften und Religionskonflikten geprägten Welt, Paderborn 2006.

Zu Kapitel 19: Hans Küng, Kunst und Sinnfrage, Zürich 1980; Hans-Rudolf Müller-Schwefe, Sprachgrenzen. Das sogenannte Obszöne, Blasphemische und Revolutionäre bei Günter Grass und Heinrich Böll, München 1978; Otto Hermann Pesch, Musik als Glaubenszeugnis. Anmerkungen zu Bach, Beethoven, Bruckner, Strawinsky und anderen, in: Michael Kessler/Wolfhart Pannenberg/Hermann Josef Pottmeyer (Hg.), Fides quaerens intellectum. Beiträge zur Fundamentaltheologie (Festschrift für Max Seckler), Tübingen–Basel 1992, 467–494; Hans Maier, Cäcilia. Essays zur Musik, Frankfurt a. M.–Leipzig, ^{2}2005.

Wer trotz aller Warnungen doch auf »Auswertungen« aus ist, kann zum Beispiel mit Gewinn lesen: Drutmar Cremer, Mensch, wo bist du? Bildmeditationen, Würzburg 1972; Karl-Heinz Bloching, Texte moderner Schriftsteller zur Meditation (= Topos Taschenbuch 13), Mainz 1973; Drutmar Cremer, Du siehst mich an. Bildmeditationen, Würzburg 1973; Karl-Heinz Bloching, Texte über Gott. Anregungen zum Nachdenken (= Topos Taschenbuch 46), Mainz 1976; Karl-Heinz Bloching, Texte über den Sinn des Lebens (= Topos Taschenbuch 62), Mainz 1977; Gott bei den Tänzern und Narren, hg. von Rainer Ruß zu Holzschnitten von Walter Habdank, Freiburg i. Br. 1980; Karl-Josef Kuschel, Jesus in der deutschen Gegenwartsliteratur, Zürich 1978.

Zu Kapitel 20: Dorothee Sölle (ev.), Leiden, Stuttgart 1973, Neuausgabe 2003; Wilhelm Dantine (ev.), Hoffen – Handeln – Leiden. Christliche Lebensperspektiven, Wien–Göttingen 1976; Gisbert Greshake, Der Preis der Liebe. Besinnung über das Leid, Freiburg i. Br. 1977; erweitert unter dem Titel: Warum lässt uns Gottes Liebe leiden?, Freiburg i. Br. 2007; Johannes Brantschen, Warum lässt der gute Gott uns leiden?,

Freiburg i. Br. ^{2}1986; Armin Kreiner, Gott im Leid. Zur Stichhaltigkeit der Theodizee-Argumente, Freiburg i. Br. 1997.

Zu Kapitel 21: Jürgen Moltmann (ev.), Die ersten Freigelassenen der Schöpfung. Versuche über die Freude an der Freiheit und das Wohlgefallen am Spiel, München 1971, ^{3}1972.

Zu Kapitel 22: Josef Imbach, Vergib uns unsere Schuld. Sünde, Umkehr und Versöhnung im Leben des Christen (= Topos-Taschenbuch 69), Mainz 1978.

Zu Kapitel 23 und 24: Elmar Gruber, Alles ist erlaubt. Überlegungen zur Freiheit der Christen, München 1972; Alois Sustar, Gewissensfreiheit, Zürich 1967, ^{3}1969. – Siehe auch die Angaben zu den Kapiteln 17, 18 und 20.

Zu Kapitel 25: Anselm Hertz u. a., Gottesreich und Menschenreich. Ihr Spannungsverhältnis in Geschichte und Gegenwart, Regensburg 1971.

Zu Kapitel 26: Joseph Ratzinger, Der Gott Jesu Christi. Betrachtungen über den Dreieinigen Gott, München 1976; Theodor Schneider, Gott ist Gabe. Meditationen über den Heiligen Geist, Freiburg i. Br. 1979; Leonardo Boff, Der dreieinige Gott, Düsseldorf 1987; Gisbert Greshake, Der dreieine Gott. Eine trinitarische Theologie, Freiburg i. Br. 1997, Sonderausgabe 2007; Bertram Stubenrauch, Dreifaltigkeit, Regensburg 2002; Leonardo Boff, Kleine Trinitätslehre, Ostfildern 2012.

Zum Schlusswort: Gisbert Greshake, Stärker als der Tod. Zukunft – Tod – Auferstehung – Himmel – Hölle – Fegfeuer (= Topos-Taschenbuch 50), Mainz 1976, ^{9}1986; Hans Küng, Ewiges Leben?, München 1982; Walbert Bühlmann, Leben – Sterben – Leben. Fragen um Jenseits und Tod, Graz 1986; Gottfried Bachl, Die Zukunft nach dem Tod, Freiburg i. Br. 1985. Siehe auch oben, zum Ganzen: Nocke.